# 남자는 스타일로 승부한다

면접에서, 비즈니스에서, 연봉계약에서

# 남자는 스타일로 승부한다

강 진 주 지음

리즈앤북
ries & book

## 성공을 추구하는 멋진 남자들을 위한 책

　6년 전, 내가 이미지컨설턴트라는 명함을 내밀기 시작했을 때 가장 많이 들렸던 질문은 이미지컨설팅이 뭐냐는 것이었다. 당시에는 그 용어조차 매우 생소했으며, 설명을 하려고 들어도 관심을 기울이는 사람이 많지 않았다. 그러나 그 이후 사람들이 점차 이 분야에 관심을 가지기 시작하면서 우리나라의 이미지 컨설팅은 지속적으로 발전하고 있다.

　특히, 최근에 오면 이미지컨설팅에 대한 이해와 인식이 바뀌고 있으며, 따라서 여러 사회현상에도 영향을 미치게 되었다. 가장 중요한 변화는 대상에 대한 인식에서 일어난다.　지금까지 이미지컨설팅이라고 하면 주로 여자를 그 대상으로 하고 있었지만, 오늘날의 남자들은 이미지가 중요하다는 것을 깨닫고 인정하고 있다.

　이 책은 남자들을 위하여 만들어졌다. 강의를 하고 컨설팅을 하는 현장에서 내가 실감했던 것은 여자 스타일을 위한 책은 쉽게 찾을 수 있지만 남자를 위한 책은 그렇지 않다는 현실이었다.　지난 몇 년 전부터 남자들만을 위한 책을 만들고자 생각해 왔는데 그 소원이 이제서야 이루어 진 것 같다.

　남자의 이미지는 그 남자의 개성과 라이프스타일의 표현이다. 그러므로 자신에게 어울리는 이미지를 발견하는 것도 중요하지만, 찾아낸 이미지를 연출하는 섯노 중요하나.　이미시는 따라가는 것도 만들어지는 것도 아니기 때문이다.

　획일성보다는 개성을 추구하려는 오늘날, 무조건 다른 사람의 이미지를 따라가는 일은 없을 것이다. 그것은 지난 20세기에 끝났다. 대망의 21세기를 앞서가는 현대인은 반드시 자신만의 이미지를 확립하고자 할 것이다.  그리고 바로 이것이 이미지컨설팅이 추구하는 주제이다.

이 책은 단순히 패션에서 앞서가고자 하는 사람을 위한 책이 아니다. 성공을 추구하는 야망을 가진 멋진 남자들의 성공을 돕기 위하여 쓰여진 책이다.  책의 구성은 다음과 같다.  제 1부에서는 남자들 각자의 직업이나 활동 영역에 맞추어 자신만의 스타일을 확립할 수 있는 일곱 가지 기본 스타일을 소개하였다.  그 다음 제 2부에서는 비즈니스에서 성공하고자 하는 남자들의 대표적인 스타일인 트래디셔널의 연출 방법에 대하여 자세하게 설명하였다.

이 책이 성공 스타일을 추구하는 남자들에게 실제적인 도움이 되었으면 좋겠다.  그리고 나아가 우리나라의 모든 남자들이 자신만의 개성과 스타일을 훌륭하게 소화해 내는 멋쟁이가 되었으면 좋겠다는 것이 이미지컨설턴트로서의 나의 진지한 소망이다.

이 책을 만드는 데 도움을 주신 이미지컨설턴트 Lauren Solomon 선생님께 감사를 드리며, 퍼스널 이미지연구소의 연구원들께도 고마움을 전한다.  끝으로 무엇보다 소중한 나의 부모님께 이 책을 바친다.

2003년 8월

이미지컨설턴트 강진주

# 목차

## PART II

# part I

남자를 규정하는 일곱 가지 스타일

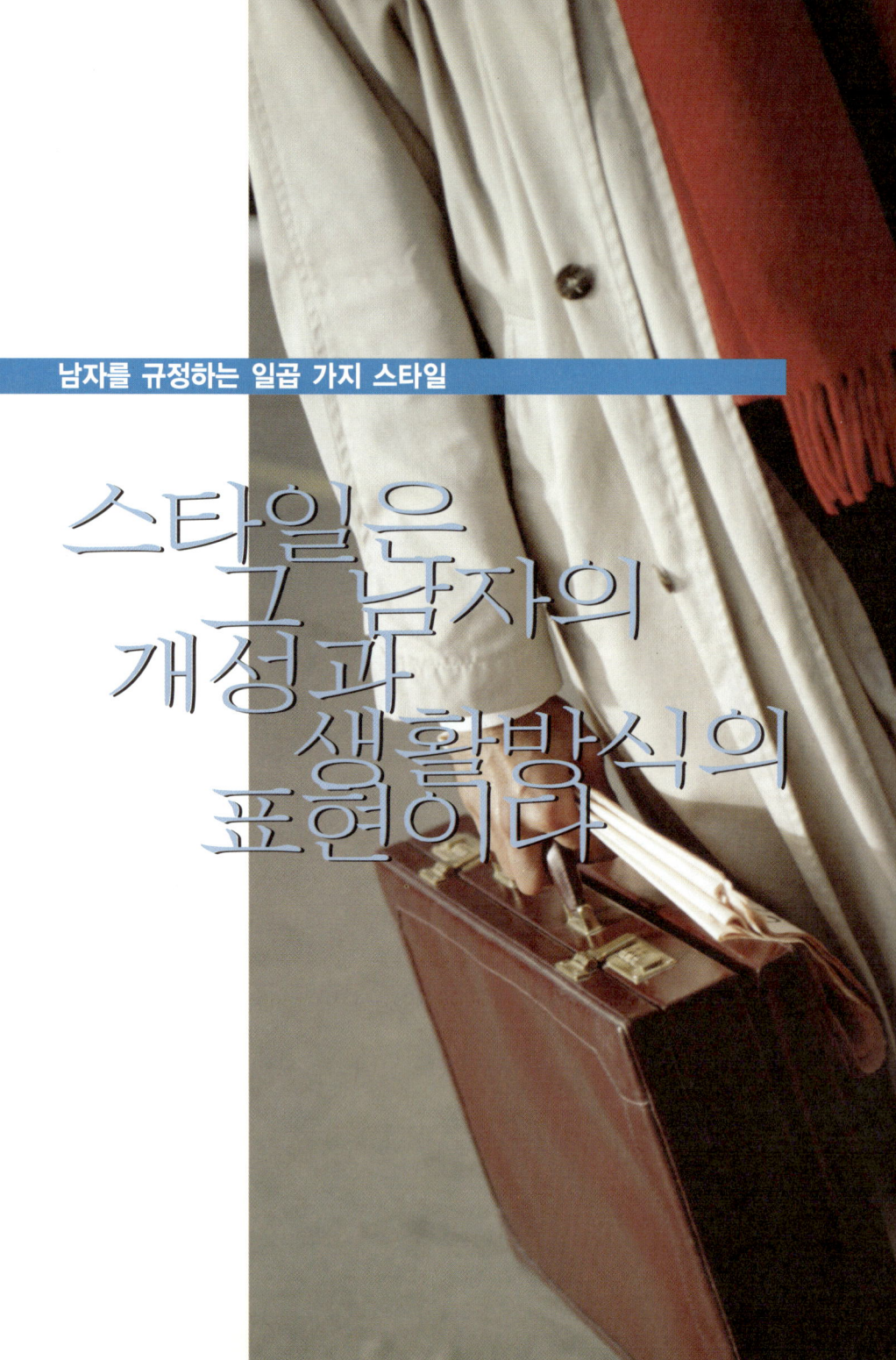

스타일은
그 남자의
개성과
생활방식의
표현이다

**남**자들은 대개 스타일을 패션에 국한된 것으로 생각하며, 그렇기 때문에 여자들의 전유물이라고 생각하기 쉽다. 물론 사실이 아니다. 남자의 스타일은 한 마디로 말해서 그 남자의 개성과 라이프스타일의 표현이다. 스포츠카를 몰고 다니는 남자와 세단을 타는 남자는 스타일이 다르다. 전원생활을 좋아하는 남자와 복잡한 도시를 좋아하는 남자, 클래식 공연을 즐기는 남자와 때려 부수는 록 콘서트에 가는 남자, 할아버지로부터 물려받은 시계를 차고 다니는 남자와 최소한 일 년에 두 번은 핸드폰을 바꿔야 직성이 풀리는 남자 등... 이들은 모두 개성과 라이프스타일이 다르다. 바로 그것이 그 남자의 스타일로 나타난다.

남자가 연출하는 스타일은 일곱 가지로 나뉜다. 친근하고 편안한 이미지의 스포티(sporty), 보수적인 비즈니스맨의 트래디셔널(traditional), 품위와 세련의 엘리건트(elegant). 이상 세 가지 스타일은 고전적(classic)으로 구분된다. 나머지 네 가지 비고전적(non-classic) 스타일로는, 온화하고 매력적인 로맨틱(romantic), 근육질의 남성미를 강조하는 섹시(sexy), 자유로우며 예술적 감각의 크리에이티브(creative), 그리고 당당한 세련을 표현하는 드라마틱(dramatic) 스타일이 있다.

전반적으로 정치나 언론, 비즈니스 등 보수적인 분야에 종사하는 남자들은 고전적 스타일을 지니고 있다. 반면에 예술계나 연예계 종사자, 혹은 비즈니스라도 벤처기업가들 사이에서는 좀 더 개인적이며 개성적인 비고전적 스타일이 세력을 확장하고 있다. 스타일은 직업 및 활동 영역과 분리해서 생각할 수 없다. 예를 들어서 증권거래소에 출입하는 비즈니스맨이 타이트한 청바지에 검은색 모터사이클 재킷을 입는다면 그는 아마도 이틀 안에 직업을 바꿔야 할 것이다. 또한, TV 토론회에 나온 대선 후보가 번쩍이는 빨간 재킷을 입었다고 생각해 보라. 얼마나 어울리지 않겠는가.

이 책에서는 일곱 가지 기본 스타일에 대하여 구체적으로 설명하였다. 각 스타일의 기본 개념과 키워드, 분위기와 특징은 물론, 어떠한 그룹의 남자들에게 그 스타일이 어울리는지, 연출을 위한 기본 조건은 무엇인지, 어떤 아이템을 어떻게 코디해야 하는지 등, 가능한 한 구체적이며 실제적인 정보를 제공하였다. 이 글을 읽는 독자가 남자라면 현재 자신의 스타일이 어떤 것인지, 여자 독자라면 남자 친구나 남편의 스타일이 어떤 것인지 파악하고, 과연 그 스타일이 각 개인에게 맞는지 아닌지를 판단할 수 있다. 만일 지금의 스타일이 개성과 라이프스타일, 그리고 직업 영역에 어울리지 않는다면, 다음의 일곱 가지 모델 중에서 선택할 수도 있다. 이미지 연출을 처음 시도하는 사람을 위하여 구체적인 지침도 마련해 두었으니 도움이 될 것이다.

# 적극적이며 자유로운 삶의 이미지

**sporty** a. (sportier; iest) 《구어》

1 화려한, 사치한 ; 사치를 좋는, 방종한

2 운동가다운

3 민첩한 〈태도〉, 산뜻한, 말쑥한 〈복장〉

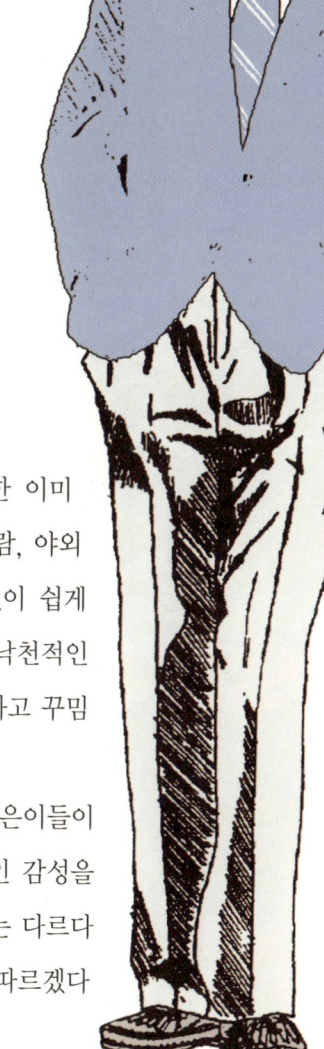

스포티 스타일 정장

스<sub></sub>포티 스타일은 캐주얼하며 친밀한 이미지를 추구한다. 운동을 즐기는 사람, 야외 활동을 좋아하는 사람, 거부감 없이 쉽게 친해질 수 있는 사람, 적극적이고 긍정적이며 낙천적인 사람, 에너지가 넘치고 생기발랄한 사람, 솔직하고 꾸밈이 없는 사람의 이미지를 전달한다.

스포티는 현재 전 세계적으로 가장 많은 젊은이들이 선호하며 추구하는 스타일이며 다분히 미국적인 감성을 나타낸다. 그러나 스포티 스타일은 '스포츠'와는 다르다는 점을 간과해서는 안 된다. 스포티 스타일을 따르겠다고 해서 농구 선수나 미식축구 선수를 모델로 한다면 성공하기 어렵다. 골프나 테니스 등, 고전적인 스포츠를 제외한 대부분의 스포츠 스타들은 스포티가 아니라 섹시 스타일에 가깝다.

스포티 스타일은 고전적인 범주에 속해 있다. 그러므로 한 시대를 휩쓰는 유행이 아니며, 톡톡 튀는 스타일은 더더욱 아니다. 한 마디로 보기에도 편안하고 입기에도 부담 없는 스타일을 말한다. 보기에 편안하다는 것은 몸매를 드러내거나 강조하는 복장이 아니라는 뜻이며, 입기에 부담이 없다는 것은 활동하기에 편안하다는 것을 말한다.

## 스포티 스타일 패션

스포티 패션은 운동이나 야외 활동을 위하여 입기 시작한 것이다. 구조와 체계는 갖추어져 있지만, 활동의 자유를 위하여 느슨한 형태를 연출하기 때문에 예복으로 사용할 수는 없다.

스포티 스타일의 기본 성격은 캐주얼이다.

스포티 스타일 캐주얼

그러나 유행의 첨단을 따르는 캐주얼도 아니고, 여러 개의 단품을 복잡하게 코디하는 캐주얼도 아니다. 기본적인 아이템 몇 가지로 구성하지만, 그럼에도 불구하고 실루엣이나 색상, 소재와 패턴 등에서 고전적이면서 정형화 된 프로의 냄새가 다분히 나는 스타일을 말한다.

스포티 스타일은 주위에서 쉽게 만날 수 있다. 스포티 캐주얼은 청바지 위에 베이스볼 재킷을 입고 운동화를 신은 모습을 떠올리면 되고, 스포티 정장은 한마디로 '캐주얼 정장'을 떠올리면 된다. 적당히 피트되는 청바지에 단정한 셔츠, 그 위에 브이넥 스웨터를 겹쳐 입고, 체크무늬 재킷을 입은 대학생의 모습은 좋은 예가 되겠다. 그런가 하면 최근 들면서 IT 업계를 중심으로 슈트가 아닌 복장을 허용하는 직장이 늘어나면서 바지 위에 니트나 티셔츠를 입고 재킷을 입은 직장인의 모습도 심심찮게 눈에 띈다. 또한 지난 몇 년 사이에 젊은 층을 중심으로 크게 인기를 끌고 있는 더플코트도 스포티 스타일의 대표적인 아이템이다. 그러나 스포티 스타일의 본고장 미국과는 달리,

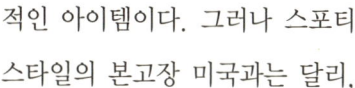

트위드 소재의 스포츠 코트

가죽 끈을 꼬아서 짠 벨트

더플코트

아직도 우리 사회에서는 청바지를 허용하지 않는 곳이 많은 것 같다. 그러므로 이 글의 독자가 학생이라면 괜찮겠지만, 직장인이라면 아무리 회사 분위기가 자유롭다고 해도 청바지는 피하는 것이 현명할 것이다.

실루엣은 몸에 밀착되지 않고 적당히 맞는, 느슨한 장방형의 선을 보여준다. 어깨선은 자연스럽고 허리선은 아예 없거나, 있다고 해도 약간 들어간 정도이다. 바지는 타이트하지도 않지만 그렇다고 힙합패션처럼 넓지도 않다. 바지가 편안하다고 해서 누워 있다가 나온 것처럼 후줄근해서도 안 되고, 지금 막 빳빳하게 다림질을 끝낸 느낌을 주어서도 안 된다.

치노

베이스볼 재킷

스포티 스타일의 제 1조건은 자연스러움이다. 그렇기 때문에 색상이나 소재도 자연을 추구한다. 주된 색상으로는 흰색, 네이비(짙은 남색), 회색, 차콜(목탄으로 칠한 듯한 색) 등의 중간 색상과, 카키색, 올리브색, 금색, 쑥색, 탠(햇볕에 탄 듯한 담갈색) 등 자연에서 따온 색상, 레드, 블루, 그린, 퍼플, 옐로, 산호색 등 원색과 파스텔 색상이 두루 사용된다.

소재로는 물론 면이 최고다. 진에 쓰이는 데님, 질감

*치노: 카키색의 튼튼한 면직물. 군복이나 작업복으로 사용됨.

이 독특한 옥스퍼드, 면 트윌(능직물), 코듀로이 등 질감
이 느껴지는 단단한 직물이 주로 사용된다.
트위드(표면에 거친 질감을 나타내는
모직 혹은 모직혼방), 스웨이드(안
쪽에 보풀이 있는 부드러운 가죽
이나 그와 비슷한 옷감), 니트
등 질감을 살린 소재도 애용
된다. 자연 섬유와 폴리에스
테르를 섞은 혼방 소재도 종종
사용된다. 광택이 있는 것보다

진 재킷

는 흐릿하고 윤기 없는 소재가 더 어울린다. 소재의
패턴으로는 너무 크거나 과장되지 않았다면 모든
종류의 디자인이 사용되는데, 그 중에서도 특히
스트라이프, 플래드(스코틀랜드 식의 격자무늬),
체크 등이 오랫동안 사랑받고 있다. 또한 나뭇
잎이나 눈송이 등, 자연으로부터 따온 무늬
도 즐겨 사용된다.

스포티 스타일을 추구하는 대표적인
패션 브랜드로는 아메리카 페리 엘리
스, 바나나 리퍼블릭, 캘빈 클라인,

진 바지

피셔맨 니트 스웨터

갭, 게스, 리바이스, 노티카, 폴로 유니버시티 클럽, 토미 힐피거 등을 들 수 있다. 우리나라 브랜드로는 빈폴, 후부, MF, TBJ, 마루, COAX 등이 있다.

## 스포티 스타일이 어울리는 직업과 활동

사람들과 함께 하는 일, 야외, 몸을 움직이는 활동, 어린이와 함께 하는 분야에서 일하는 사람은 모두 스포티 스타일이 적합하다. 또한 무대 뒤에서 일하거나 조사연구에 종사하는 사람들에게도 어울리는 선택이다. 고전적인 스타일 범주에서는 가장 자유로운 전문직 세계의 복장이라고 할 수 있다. 즉, 건축가, 사진작가, 컴퓨터 프로그래머, 엔지니어, 기자, 여행가, 스포츠 관계자... 등 개인적인 활동과 창의력이 중요한 분야에서 일하는 사람들에게 잘 어울리는 스타일이다. 한 마디로 '전문직 프리랜서'의 이미지이다.

그러나 평소에는 드레스를 입는다고 해도 야외에서 놀이를 할 때에는 스포티 스타일을 갖추는 것이 편안하다. 활동적인 스포츠, 록 콘서트, 운동 경기 관람, 정원

플래드 무늬 셔츠

버튼다운칼라 셔츠

가꾸기, 비공식 사교 모임, 여행과 관광, 자원봉사 등의
활동에는 스포티 스타일이 적합하다.

　스포티 스타일을 성공적으로 소화하는 대표적인 인물
로는 영화배우 톰 크루즈를 들 수 있다. 물론 아카데미
시상식에서는 역시 연미복을 입고 있지만, 평소 스포츠
와 야외활동 지향적인 그의 라이프스타일은 스포티 스타
일에 가장 잘 어울린다. 우리나라 스타로는 차태현을 꼽
을 수 있다. 편안하면서도 모양이 좋은 바지와 스웨터,
재킷으로 코디한 그의 모습은 단정한
스포티 스타일이다. 조인성, 세
븐 등도 이 부류에 포함된다. 또
한 2002년 여름 월드컵의 열기를
타고 국민적 영웅이 된 히딩크
감독도 스포티 스타일의 정장을
매우 멋지게 소화한 인물이다.

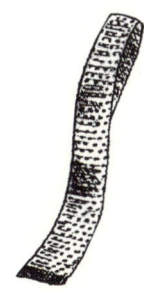

니트 타이

파일럿 스타일의 안경

페니 로퍼

티셔츠

공군 가방

## 스포티 스타일 연출하는 법

▶ 꾸미지 않은 듯 자연스럽게 흘러내리는 모습을 연출한다.

▶ 세 가지 이상의 색상을 사용한다.

▶ 소매는 둘둘 말아 올리거나 치켜 올린다.

▶ 넥타이는 꼭 필요할 때에만 착용하되, 느슨하게 풀어진 듯 연출한다.

▶ 갈색의 가죽 캐주얼화를 신는다. (드레스 슈즈를 신으면 절대로 안 된다.)

▶ 조깅 화를 신을 때에는 흰색 양말을 착용하며, 테니스 화를 신을 때에는 양말을 신지 않는다.

▶ 벨트와 신발의 색을 매치시키지 않는다.

▶ 티셔츠, 셔츠, 스웨터, 재킷 등 옷을 여러 겹 겹쳐 입는다.

▶ 최고의 액세서리는 스포츠 시계.

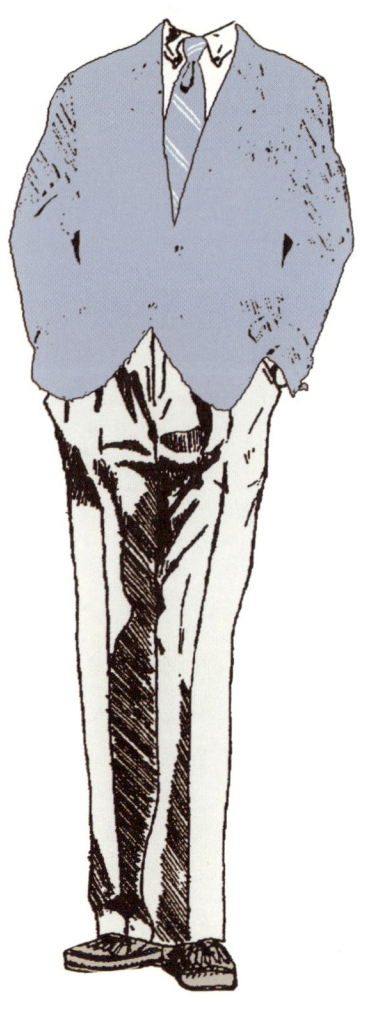

# 단정하고 보수적인 비즈니스맨의 세계

traditional a.

1 전설의

2 전통의, 전통적인; 고풍의

3 〈재즈가〉 구식의, 전통적인

((1920년경 New Orleans에서 연주된 양식의))

비 즈니스 사회, 특히 금융이
나 증권 관련 직종은 보수
성향이 강한 곳이다, 이런
곳에서 회의나 회합에 참석한 비즈니스
맨들은 일정한 복식 규정을 지키고 있
다. 단정하게 손질된 헤어스타일, 절대 튀
지 않는 색상의 광택이 없는 옷감으로 만들어진
약간 넉넉하게 맞는 정형의 슈트, 색을 맞춘 타이
와 구두.... 바지 앞줄에는 구김이 없으며, 셔츠에는
다림질 흔적이 생생하다. 전체적으로 단정

**트래디셔널 스타일 정장**

하다는 느낌을 주는 이들의 스타일은 트래디
셔널이다.

트래디셔널은 말 그대로 전통적이며
전통을 중시한다. 보수적이며 정형화
된 이미지는 신용과 신뢰, 책임감과 믿
음, 조직과 효율, 정직과 올바른 양
심의 이미지를 구현한다. 트래디셔널은
비즈니스 스타일의 전형으로 성공하는 비즈니
스맨의 이미지를 표현한다. 뿐만 아니라 트래디
셔널은 보수적인 이미지를 표방하기 때문에 전통
적인 전문직에 잘 맞는다.

고전적이며 정형화 된 복장은 권위와 믿음을 표
현하며, 적절하게 갖추어 입은 슈트는 어느 정도의
신분을 갖추었음을 나타낸다. 보수적인 복식을 연
출하는 것은 경험과 지식을 암시하는 효과를 주며,
또한 유행을 타지 않고 오래 가기 때문에 시간과 돈
을 절약해 주는 이점도 있다.

**트래디셔널 스타일 캐주얼**

## 트래디셔널 스타일 패션

트래디셔널 스타일은 비즈니스맨의 이미지를 추구하며 보수적인 테일러 슈트(재단사가 지은 양복)로 대표된다. 고전적인 스타일로, 유행을 타지 않기 때문에 몇 년을 입어도 시대에 뒤떨어진 느낌을 주지 않는 실용적인 스타일이다. 디자인은 절제되고 포멀하며 단순하다. 트래디셔널 스타일로 연출한 남자는 단정하고, 옷을 잘 갖춰 입었으며, 세상에 잘 적응한다는 것을 나타낸다. 그는 전 세계를 연결하는 비즈니스의 한 부분이다. 트래디셔널은 즉 비즈니스를 의미한다.

트래디셔널 복장의 첫 번째 미덕은 절제이다. 너무 캐주얼하지도 않고, 그렇다고 너무 드레시하지도 않다. 같은 고전적인 범주 안에서 캐주얼을 추구하는 스포티 스타일과 드레시를 추구하는 엘리건트 스타일의 중간에 위치한다. 트래디셔널 스타일은 비즈니스용이다. 그렇기 때문에

2-버튼 쓰리피스 슈트

3-버튼 싱글 여밈 슈트

캐주얼한 모임에서는 너무 딱딱하고 형식적으로 보일 수 있으며, 반면에 공식 행사에서는 너무 고지식하고 비즈니스맨처럼 보일 수 있다.

트래디셔널 스타일은 고전적이며 전통적인 디자인을 취한다. 유행을 타지 않는 테일러 정장을 기본으로 한다. 형태가 변하지 않도록 정형화 된 디자인으로 기능적이고 실용적이기도 하다. 디테일을 거의 사용하지 않는다. 실루엣은 몸에 타이트하게 맞는 것은 안 되며 약간 넉넉한 듯 보이는 장방형을 연출한다. 어깨선은 자연스러운 라인이지만 유행에 따라 약간 강조할 수도 있다. 슈트가 아니라 재킷인 경우에는 어깨를 조금 강조하는 것이 일반적이다. 상의의 몸통이나 하의의 바지통, 그리고 셔츠의 커프스가 모두 적당한 품을 유지한다. 특히 바지는 통이 좁아서도 안 되고 넓어서도 안 된다.

소재는 광택이 없는 자연 섬유나 자연

앞 주름 없는 스트레이트 슬랙스

섬유의 혼방을 선택한다. 셔츠는 면을 기본으로 하고 슈트는 울을 기본으로 한다. 튼튼한 조직으로 짜여진 약간 빳빳한 느낌의 직물이 사용함으로써 옷의 형태를 유지한다. 슈트에 사용되는 색상은 네이비, 그레이, 탠, 브라운 등의 중간 톤이 주종이며, 안에 입는 셔츠에는 흰색, 밝은 블루, 담갈색 등 밝은 색상을 사용한다. 여기에 레드, 블루, 옐로, 그린 등 생생한 색조의 넥타이를 매치함으로써 액세서리 효과를 더한다. 한 가지 복장에 두세 가지의 색상을 적용한다.

레인코트

패턴을 적용할 때에는 작은 크기의 문양이 전체적으로 반복되는 것을 택한다. 전통적으로 핀스트라이프, 체크, 헤링본(물고기의 뼈처럼 비스듬히 꺾인 평행선 무늬), 격자무늬 등이 트래디셔널 슈트와 바지에 사용된다. 넥타이에는 풀라드(자잘한 디자인이 규칙적으로 반복되는 넥타이 패턴), 스트라이프, 페이즐리 등이 사용된다. 패턴을 사용할 때에는 슈트나 셔츠 둘 중 하나에만 적용한다. 솔리드 슈트에는 스트라이프 셔츠를 입을 수 있고, 반대로 패턴이 있는 슈트에는 무지 셔츠를 입는다.

트래디셔널 스타일 연출에는 구두와 벨트의 조화도 중요하다. 전형적인 정장용 구두를 택하며, 앵클부츠는

앞 주름을 잡은 바지

사선 줄무늬 타이,
폴라드 패턴 타이

안 된다. 양말은 구두나 바지의 색상에 매치되도록 하며, 연한 색은 피하는 것이 좋다. 흰 색은 절대로 안 된다. 재킷과 바지와 셔츠는 모두 완전한 길이여야 한다. 반바지는 물론 안 되며 반팔 셔츠도 정장 아이템이 아니다.

마지막으로, 이러한 트래디셔널 정장에는 튀는 액세서리를 해서는 안 된다. 심플한 결혼반지나 손목시계로 충분하다. 안경을 착용한다면 부시 전 대통령을 모델로 한다. 직사각형의 평범한 플라스틱 프레임을 착용함으로써 시선이 안경으로 가는 것을 방지한다. 가방은 보통 007 가방으로 불리는 단단하고 형태가 잡힌 가죽 가방이 적격이다.

트래디셔널 스타일을 추구하는 대표적인 패션 브랜드로는 버버리, 아쿠아스큐텀, 오스틴 리드, 랄프 로렌 챕스, 랄프 로렌 폴로, 페리 엘리스

플라스틱 소재의 직사각형
프레임의 안경

가죽 가방

등을 꼽을 수 있다. 우리나
라 브랜드로는 갤럭시, 로가
디스, 캠브리지 멤버스 등이
있다. 그러나 그 외에도 대
부분 남성복 브랜드에서 트
래디셔널 정장은 만들고 있기

때문에 옷을 구하는 데에는 문제가 없을 것이다. 넥타이
브랜드로는 리버티 오브 런던, 로버트 탤보
트 등을 꼽을 수 있다. 셔츠로는 애로우, 반
호이젠 등이 정평이 나 있으며, 우리나라에서
는 로얄셔츠, 예작 등을 들 수 있다.

검은색 가죽 벨트

윙 팁 옥스퍼드

## 트래디셔널 스타일이 어울리는 직업과 활동 —

트래디셔널 스타일은 비즈니스, 정치계, 법조계 등 보수적인 복장을 요구하는 분야에서는 필수적이다. 오직 트래디셔널만 입어야 되는 직업 분야도 있는데, 정부기관, 법조계, 금융계, 교육계 등이 대표적이다. 이들 기관은 일반 시민들로부터 신용과 신뢰를 얻는 수단으로서 고용자들에게 트래디셔널 스타일을 요구한다. 보수적인 이미지가 안정과 확신을 주기 때문이다. 트래디셔널 스타일이 적합하고 효과적인 직업 분야로는 회계, 은행, 금융, 보험, 증권, 정치, 정부기관 등이 있으며, 이 외에도 보수적인 이미지를 요구하는 모든 비즈니스에 적용된다.

보수적인 질서나 전통을 강조하는 활동 영역에서도 트래디셔널 스타일이 기본으로 요구된다. 입사 면접시험을 치를 때, 비즈니스에 관련된 여러 가지 모임이나 행사에, 은행에 가서 대출을 얻고자 할 때, 정치적인 회합에서, 법정에 출두할 때, 기념식이나 추도식, 장례식 등의 의식에 참석할 때에는 필히 트래디셔널 스타일을 연출해야 한다. 또한 골프, 폴로, 테니스 등 영국 전통의 스포츠를 관

트렌치코트

람할 때에도 이런 복장을 갖추는 것이 예의이다.

트래디셔널 스타일을 훌륭하게 소화하는 대표적인 인물로는 조지 부시 미국 대통령을 꼽는다. 현직 대통령도 그러하지만, 아버지 조지 부시 전직 대통령도 트래디셔널 스타일의 전형이었다. 그는 언제나 단정하고 중후한 정장 차림으로 보수적인 이미지를 유지하고 강화하였다. 진보 성향을 표방하는 클린턴 전 대통령의 스타일과 비교해 보면 부시 대통령 부자의 스타일이 얼마나 보수적이며 전통적인지 쉽게 이해가 갈 것이다.

카디건 스웨터

우리나라에서 찾아보자면 남성 정장 브랜드의 모델인 한석규와 차인표를 들 수 있다. 각각 갤럭시와 로가디스를 광고하고 있는데, 갤럭시의 한석규는 웜 톤(따뜻한 계열의 색상), 로가디스의 차인표는 쿨 톤(차가운 계열의 색상)의 정장 스타일을 보여준다. 이들 뿐만 아니라 대부분의 정치인과 대부분의 기업인이 모두 훌륭하게 이 스타일을 소화하고 있다.

핀스트라이프 무늬의 탭 칼라 셔츠

스트레이트 포인트 칼라 셔츠 + 페이즐리 타이

## 트래디셔널 스타일 연출하는 법

▶ 복장은 언제나 단정하고 깔끔하게 유지한다.

▶ 시선을 끄는 액세서리는 금물이다.

▶ 한 벌의 복장에는 보통은 한 가지, 최대한 두 가지의 섬세한 패턴을 적용한다. 예를 들어서, 섬세한 스트라이프 슈트, 무지 셔츠, 풀라드 타이 등.

▶ 슈트에는 언제나 긴팔 셔츠를 입는다. 반팔은 절대로 안 된다.

▶ 타이의 패턴은 슈트나 셔츠의 색상과 매치시킨다. 예를 들어서, 회색 슈트에 흰색 셔츠인 경우에는 회색 스트라이프가 있는 와인색 타이를 하고, 회색 슈트에 블루 셔츠인 경우에는 블루 패턴이 있는 붉은 색 풀라드 타이를 하는 식으로.

▶ 공식 비즈니스에는 옥스퍼드를 신고, 비공식 비즈니스나 캐주얼에는 슬립온 슈즈를 신는다.

▶ 양말의 색상은 바지나 신발과 매치시키며 양말의 길이는 종아리를 덮는 것 이상으로 한다. 발목까지 오는 양말은 절대로 안 된다.

▶ 구두와 벨트의 색을 매치시킨다. 남색이나 회색 슈트
   에는 검은 색 구두를, 탠이나 브라운 슈트에는 브라
   운 구두를 매치시킨다.

▶ 포켓 스퀘어나 행커치프는 안 된다. 진지한 비즈니스
   를 망칠 수도 있다.

▶ 보석류로는 결혼반지나 간단한 손목시계 정도만 한다.

elegant 【L 「선발된」의 뜻에서】 a.

1 품위 있는, 우아한, 고상한, 조촐한, 아치(雅致) 있는

2 〈예술·문학·문체 등이〉 기품 있는, 격조 높은, 아취(雅趣)가 있는

3 〈구어〉 훌륭한, 멋진

4 〈이론·논증·해결법 등이〉 명쾌한

**앞** 장에서 트래디셔널 스타일의 모델로 부시 대통령을 꼽았다. 그렇다면 같은 정장 스타일이면서도 어딘가 다른 이미지를 풍기는 클린턴 전 대통령은 무엇이라고 불러야 할까. 정치인의 스타일에 관심이 있는 사람이라면 매스컴에 등장하는 정치인들의 모습에서 공통점을 발견할 것이다. 고급스러워 보이는 슈트에 말쑥하게 손질된 용모, 그러면서도 화려하고 패셔너블한 분위기를 강조하고 있는 이들의 스타일은 엘리건트, 즉 우아한 스타

**엘리건트 스타일 정장**

일이다.

클린턴 전 대통령의 이미지가 부시
대통령과는 달리 좀더 부드러운 것
은 이 때문이다. 뿐만 아니라 대중
에게 친근한 이미지를 부각시키려
했던 레이건 전 대통령도 엘리건
트 스타일을 추구했다. 젊은 정치
인 토니 블레어 영국 수상도 권위
를 강조하기보다는 대중적 어필을
추구하는 편이다. 그 역시 엘리건트
스타일을 구현하고 있다.

엘리건트 스타일은 품위와 세련을
목표로 한다. 교양 있고 세련되었으며,
인생에서 어느 정도의 성공을 이루었기
때문에 안정적인 이미지를 표현한다.
좋은 가문과 좋은 교육, 신사다운 기품
과 문화를 나타내며, 그러면서도 절제된
남성미를 추구한다. 엘리건트 스타일의
당당하고 고급스러운 이미지는 그 스타
일의 주인공이 중요하고 영향력 있다는

**엘리건트 스타일 캐주얼**

것을 대변하며, 흠잡을 데 없이 완벽한 차림새는 자신감을 나타낸다. 트래디셔널과 마찬가지로, 엘리건트 스타일 역

시 유행을 타지 않는 고전적인 복식으로 아이템이 정형화 되어 있기 때문에 코디하기 수월하다.

## 엘리건트 스타일 패션

엘리건트 스타일은 세련된 이미지를 추구하며 기품 있는 고급 의상을 특징으로 한다. 따라서 옷의 소재는 최고급 옷감을 사용하며 재단과 바느질이 섬세하고 아름다워야 한다. 머리끝부터 발끝까지 통일된 고급 이미지를 연출하기 위해, 헤어스타일과 액세서리에 이르기까지 세심하게 선택한다. 같은 정장 스타일이라고 해도 트래디셔널이 비즈니스 복장이라면 엘리건트는 연회에 더 잘 어울리는 복장이라고 생각하면 쉽게 이해가 갈 것이다.

디자인이 절제되고 정형적이며 세련되었다는 점에

스트레이트 포인트 칼라 셔츠

캐시미어 소재의
스포츠 코트

서 고전적인 범주에 속하는데 그 중에서도 가장 포멀한 스타일이다. 신분과 특권을 나타내기 위하여 의상과 액세서리는 최고급으로 선택한다. 정교하게 손질된 스타일이기 때문에 어떤 자리에서도 품위를 잃지 않는다. 한마디로 완벽한 패션이다. 그러나 바로 이 완벽함이 때로는 결점이 되기도 하는데, 지나치게 말쑥한 차림새 때문에 사람들이 거부감을 느끼거나 쉽게 다가서지 못할 수도 있다.

엘리건트 스타일의 디자인은 고전적이고 정형적이며 전통적이다. 흐트러짐 없이 매끄럽게 흘러내리는 테일러 스타일을 기본으로 하며, 고급을 지향하기 때문에 잘 알려진 명품 디자인을 선호하는 경향이 있다. 디테일을 최소화한 절제된 디자인으로 부드럽게 정형화 되어 있으며, 우아한 형태를 자랑한다. 실루엣은 편안하게 피트되는 장방형을 기본으로 하며, 특히 어깨 라인이 완벽하기 때문에 옷의 실루엣이 돋보인다. 어깨는 약간 강조되었으며, 가슴 부분과 허리는 편안하게 맞는다. 바지라인도 약간 넉넉하게 맞는 정도이다.

색상은 화려하다. 슈트와 슬랙스에는 네이비, 회색, 카멜(담황갈색), 짙은 회갈색, 탠, 올리브 등의 정교한 중간 색조나, 차콜, 짙은 네이비, 짙은 브라운 등 어두운 색조를 사용한다. 타이에는 와인, 슬레이트(석판의 색), 올리브 그레이, 때가 탄 듯한 암회색 등을 사용하며, 액세서리에는 검은색이나 코도반 가죽 색이 사용된다. 셔츠에는 밝은 톤을 사용하며, 슈트와 타이에는 중간 혹은 어두운 톤을 사용한다. 색상의 조합은 크게 두 가지 방식을 취한다. 하나는 단색성 조합으로, 예를 들어서 네이비 슈트에 밝은 블루 셔츠, 이보다 진한 블루 색상의 풀라드 타이를 매는 식이다. 또 하나는 매우 고전적인 방법으로 회색 슈

**플래드 체크 패턴의 슈트**

트에 흰색 셔츠, 여기에 버건디 와인 계열의 타이를 코디
하는 식이다.

소재로는 자연 섬유를 선호한다.
직조는 단단하면서도 표면 질감이
부드럽고 드레이프성이 좋은 실
크, 소모 가공 개버딘, 카멜 헤어
(낙타털 직물), 1백 퍼센트 순모
등 최고급 직물을 사용한다. 부
드러운 스웨이드, 모피, 벨벳 등
이 가장자리 마감에 사용된다. 패
턴은 정교하며 혼합된다. 낮거나 중간
정도의 콘트라스트를 이룬다. 톤온톤
(tone-on-tone) 자카드 문직, 풀라드, 페
이즐리, 추상적이 문양, 자연에서 딴 문
양의 프린트 등이 사용된다.

엘리건트 스타일을 추구하는 패션
브랜드는 이미 세계적으로 명품의 명성
을 날리고 있는 디자이너 브랜드이다.
알프레드 던힐, 아르마니, 이브 생 로랑,
랄프 로렌 폴로, 발렌티노, 피에르 카르

캐시미어 소재의 톱코트

댕, S. T. 듀퐁, 페리 엘리스 등의 슈
트, 크리스티앙 디오르 셔츠, 구찌
나 에르메의 넥타이, 발리나 페
라가모의 구두 등, 고급 브랜드 일
색이다. 그러므로 엘리건트 스타일을
추구하고 싶다면 일단 명품 브랜드에
익숙해져야 한다. 그러나 명품 브랜드
를 구비했다고 해서 스타일이 완성되는

것은 아니다. 헤어스타일에서 구두에 이르
기까지 전체적으로 통일된 우아한 느낌을 연출하는 데에
실패한다면 엘리건트 스타일과는 거리가 멀어지며, 완성
되지 못한 엘리건트 스타일은 그야말로 명품이 따로 노
는 꼴불견이 되고 만다.

## 엘리건트 스타일이 어울리는 직업과 활동

　상황이나 신분상 포멀한 복식이 요구되는 곳이라면
엘리건트 스타일이 어울린
다. 기업체의 중역, 고관대작,
최고 그룹의 전문가 등 높은 사
회적 신분과 존경과 품위를 강조해야

**금속 장식이 달린 브리프케이스**

하는 사람들에게 잘 맞는다. 대중의 인기를 추구하는 정치인은 대개 이 스타일을 선호한다. 매스컴에 많이 등장하는 정치인과 정당 대변인, 이름을 날리는 토크쇼 진행자, 뉴스 프로그램의 앵커, 야망에 불타는 변호사 등, 포멀한 스타일을 유지하면서도 좀 더 우아한 이미지를 원하는 사람들에게 엘리건트 스타일은 훌륭한 해답이다.

또한, 결혼식이나 문화적인 행사 등, 상황이나 이벤트가 품위를 갖춘 격식을 요구하는 자리에는 엘리건트 스타일이 어울린다. 또한, 대중 앞에서 연설을 하거나 TV에 출연할 때에도 이러한 스타일은 당신의 신분을 고양시켜 줄 수 있다. 고급 레스토랑에서의 우아한 만찬, 오프닝 이벤트, 리셉션, 연례 모임 등에서도 엘리건트 스타일은 품위를 지켜준다.

엘리건트 스타일을 잘 소화하는 대표적인 인물로는 영화배우 캐리 그란트를 꼽

**금장 버클이 달린 악어가죽 벨트**

는다. 좀 더 최근의 인물로는 영화배우 리처드 기어가 있다. 젊었을 때에는 섹시 스타일의 간판이었으나 나이가 들면서 우아하고 기품 있는 엘리건트 스타일을 성공적으로 연출하고 있다. 우리나라에서는 영화배우 남궁원과 그의 아들 홍정욱, 문성근, 박상원, 그리고 〈인어아가씨〉로 유명해진 탤런트 김성택 등을 들 수 있으며, 박지원 전 장관도 엘리건트 스타일을 멋있게 소화해 낸 사람이다.

메탈 소재의 파일럿 프레임 안경

## 엘리건트 스타일 연출하는 법

▶ 흠잡을 데 없이 완벽한 신사다운 옷차림.

▶ 슈트, 셔츠 타이에 패턴은 한두 가지만 적용한다.

▶ 셔츠 윗주머니에 결합문자가 수놓아져 있으면 더욱
  좋다. 디자이너 문양이어도 되고 자신의 이니셜이어
  도 된다.

▶ 타이의 매듭 아래 딤플이나 아치를 연출한다.

▶ 포켓에는 아무 것도 넣지 않는다.

▶ 양말은 바지나 신발, 혹은 타이의 색상과 매치시킨다.

▶ 벨트 대신에 정교한 서스펜더를 사용할 수도 있다.

▶ 포켓 스퀘어나 행커치프. 코트 안에는 실크 나염 스
  카프를 연출하며, 정장 풍의 캐주얼에는 애스콧을 연
  출한다.

▶ 보석류는 결혼반지, 손목시계 외에 커프스 버튼, 회
  중시계 줄에 다는 장식, 셔츠 칼라를 고정시키는 핀,
  장식적인 단추 중에서 한 가지를 더할 수 있다. 이러
  한 액세서리는 모두 14-18K 금제품이어야 한다.

▶ 펠트 모자, 영국 신사들의 필수품인 긴 우산, 얇고 부드러운 가죽 장갑 등은 훌륭한 액세서리가 된다.

▶ 고급 질감의 가죽 브리프케이스. 디자이너 브랜드.

온화하고
상냥한
남자의 향기

**romantic** a.

1 낭만적인, 공상[전기(傳奇)] 소설적인, 소설에 있음직한

2 공상에 잠기는; 공상적인, 몽상적인, 비실제적인, 실행하기 어려운

3 신비적인, 괴기한; 영웅적인, 의협적인

4 열렬한 사랑의, 정사적(情事的)인, 로맨틱한

5 가공의, 허구의

6 [종종 R~] 【문예】 낭만주의[파]의

문 학 작품에서 찾아보자면 〈위대
한 개츠비〉에서의 개츠비의 이
미지. 좀 더 친숙한 분야에서
찾아보자면 영화 〈타이타닉〉에서 사랑에 목
숨을 바치는 레오나르도 디카프리오, 혹은 영
화 〈보디가드〉에서 몸을 던져 여자를 구해내는
케빈 코스트너의 멋진 모습. 한 마디로 사랑하고
싶은 매력을 한껏 느끼게 하는, 사랑에 목숨을 걸
것 같은, 그러면서도 위험하지 않고 부드러운
이미지. 어쩌면 대부분의 여자들이 이상형으

**로맨틱 스타일 정장**

로 생각하는 남자의 이미지가 바로 로맨틱 스타일이다.

　　로맨틱 스타일의 키워드는 '차밍'과 '젠틀'이다. 차밍하다는 것은 감성적이고 따뜻하며 편견이 없고 편안한 남자의 이미지를 표현하며, 젠틀하다는 것은 남을(특히 여자를) 배려하고 돌봐 주며, 기사도 같은 느낌을 나타낸다. 비즈니스 복장인 트래디셔널보다는 좀 더 자유로운 분위기이며, 고급 지향적인 엘리건트보다는 좀 더 편안한 느낌을 준다. 그렇게 함으로써 로맨틱 스타일은 일과 성공보다는 인간관계에 좀 더 무게를 두는 남자의 이미지를 형성한다.

　　로맨틱 스타일의 감각적인 옷감과 색조는 여자들에게 어필한다. 경쟁과 성공보다는 협동을 추구하는 이미지 때문에 상대를 위협하지 않는다. 사람들에게 쉽

로맨틱 스타일 캐주얼

게 다가가며, 다른 사람들도 쉽게 마음을 열 것이다. 또
한 딱딱하게 정형화 된 정장이 아니기 때문에 젊고 상쾌
해 보이며, 부드러운 소재와 색상 때문에 평화롭고 침착
한 느낌을 준다.

## 로맨틱 스타일 패션

　로맨틱 스타일 연출의 목표는 차밍한 복식
을 통하여 젠틀한 이미지를 만들어내
는 것이다. 동화속의 왕자님이나 영화
속에서 여자 주인공을 구하고 소리 없
이 사라지는 영웅처럼, 의복은 가볍고
부드럽게 흘러내리는 느낌을 준다. 로
맨틱 스타일의 연출은 전체적으로 우
아하고 밝다. 의복은 물론 액세서리도
곡선형이며 부드럽다. 타이트하지 않게 적
절하게 피트되기 때문에 움직임이 우아하다.

**숄칼라의 스포츠 코트**

그러나 이 스타일은 너무나 부드럽고 편안해 보이기 때
문에 전통적인 비즈니스에는 적합하지 않을 수도 있다.
　로맨틱 스타일의 디자인은 비고전적으로 분류된다.
부드럽고 우아하며 완만한 곡선을 이룬다. 형태가 잡혀

있지 않거나 매우 부드러운 형태를 갖추고 있다. 실루엣은 전체적으로 느슨한 장방형을 보이거나 혹은 몸의 곡선을 따라 흐른다. 어깨선은 자연스럽거나 약하게 형태를 잡은 정도이며 라인은 직선보다는 곡선에 가깝다. 허리 라인은 없거나, 있어도 매우 편안하다. 바지는 온전한 길이로 바지통도 넉넉하다.

린넨 소재의 슈트와 셔츠

색상은 흰색, 아이보리, 핑크, 연한 블루, 연한 녹색, 옅은 베이지 등의 밝은 색이 주종을 이루며, 여름 느낌의 색조나 열대성 색조도 많이 사용된다. 단색성으로 연출하기도 하고 유사한 계열의 색조로 연출하기도 한다. 한 벌의 복장에는 한두 가지의 색상을 사용한다. 소재로는 물실크, 가벼운 개버딘, 가벼운 코튼, 레이온, 비스코스, 캐시미어 등 전

팔찌 시계

사슴가죽 스웨이드 구두

체적으로 부드럽게 드레이프가 되는 여성적인 느낌의 옷감을 사용한다. 옷감의 표면은 매끄럽거나 가볍게 질감을 더한 것, 약간 광택을 더한 것을 선택하는데, 로맨틱 스타일의 이미지를 가장 잘 살려주는 소재는 물실크와 레이온이다. 패턴은 자연의 모티브

화려한 폴라드 패턴 타이

에서 따온 문양을 즐겨 사용하는데 부드러운 곡선 문양과 꽃무늬가 많이 사용된다. 콘트라스트는 거의 없이 혼합된 느낌으로 연출한다.

로맨틱 스타일의 대표적인 패션 브랜드로는 이브 생 로랑, 윈스턴 우즈, 랄프 로렌, 휴고 보스, 지아니 베르사체, 돌체 & 가바나, 세루티 1881, 아르마니 등의 슈트와 발리와 페라가모의 구두를 들 수 있다.

셰이커 스타일 니트 스웨터 + 린넨 소재의 버뮤다 반바지

## 로맨틱 스타일이 어울리는 직업과 활동 ─────

로맨틱 스타일은 평화롭고 편안한 이미지를 연출하기 때문에 사람들에게 도움을 주는 일에 적합하다. 카운슬

러, 성직자, 호스피스, 임상치료사, 사회 운동가 등 사람들에게 신체적인 도움이나 감정적인 도움을 주는 직업에 어울린다. 또한 연회 매니저, 플로리스트, 댄서 등 사람들에게 친밀한 이미지를 전달하는 직종에도 잘 맞는다. 그런가 하면 최근에는 연예인이나 스포츠 스타들도 대개 로맨틱 이미지를 연출하는데, 이것은 권위적이 아닌 부드러운 남자 이미지를 선호하는 경향이 세계적으로 유행하고 있기 때문이다.

로맨틱 스타일은 무엇보다도 로맨틱한 데이트 스타일로는 최적이다. 뿐만 아니라 가든파티, 와인 시음회, 결혼식, 휴가 여행 등의 비즈니스가 아닌 행사에도 잘 어울린다. 로맨틱 스타일은 부드럽고 감성적인 용모, 파스텔 색조가 잘 어울리는 남자에게 연출되었을 때 최고의 효과를 발휘한다. 선이 굵은 근육질의 남자

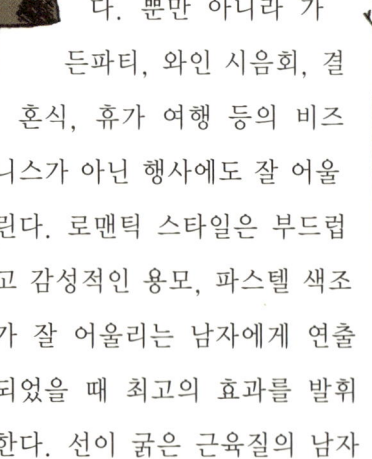

캐시미어 소재의
큼지막한 폴로 코트

주름을 여러 겹 잡은 슬랙스

들에게는 좀.... 어렵겠다.

로맨틱 스타일을 훌륭하게 구
사하는 대표적 인물을 들자면
잘생긴 영화배우가 대거 등장
한다. 톰 셀렉, 케빈 코스트너, 레오
나르도 디카프리오, 휴 그랜트... 이

실크 티셔츠

들은 모두 살인적인 미소로 여자들에게 어필한다. 다른
직업을 가진 사람으로는 발레리노 미하일
바리시니코프를 들 수 있다. 우리나라
에서도 일단 잘생긴 연예인들 중에
는 로맨틱 스타일이 가장 많다. 배용
준, 류시원, 원빈, 이현우, 유지태, 이병헌,
김래원, 김재원 등이 대표적이다. 그런가 하면 트래디셔

밴드 칼라 셔츠

널 정장 모델로 오랫동안 활동 중인 한석규도 사실은 로
맨틱 스타일이 매우 잘 어울리는
남자로 넥타이를 맨 정장보다는
타이 없이 재킷을 걸친 스타일
이 더 잘 어울린다. 적당한 길
이의 부드러운 웨이브 헤어스타
일과 얇은 금테 안경

부드러운 가죽 냅색

등의 소품도 완벽하다. 한편, 최근에 오면 너
나 할 것 없이 모두 부드럽고 사랑스러운
로맨틱으로 스타일 변신을 하고 있는 추
세인데, 이미지 컨설턴트의 입장에서
볼 때에는 제발 자신에게 잘 어울리는
스타일을 찾기를 바랄 뿐이다.

스웨이드 구두

플라스틱이나 금장 소재 얇은 프레임의 안경

## 로맨틱 스타일 연출하는 법

▶ 정확하거나 혹은 자연스러운 분위기로 연출.

▶ 패턴은 거의 사용하지 않는다. 사용한다면 꽃무늬 정도.

▶ 재킷 안에는 드레스 셔츠 대신에 실크 티셔츠를 입
  는다.

▶ 슈트 차림에는 타이를 하고, 재킷 차림에는 타이를
  하지 않는다.

▶ 신발은 복장의 일부가 되어야 한다. 신발에 강조를
  하면 안 된다.

▶ 캐주얼 복장에는 양말을 생략한다. 캔버스 천이나 가
  죽 소재의 슬립온 슈즈, 혹은 테니스 슈즈에 맨발.
  〈마이애미 바이스〉에서 돈 존슨이 입었던 차림을 모
  델로 하면 된다.

▶ 옅은 톤의 의상에 비하여 벨트는 좀 더 짙은 색으로
  한다.

▶ 약간 도톰한 포켓 스퀘어 연출.

▶ 보석류는 결혼반지, 손목시계. 옵션으로 팔찌를 해도
  된다.

▶ 파스텔 톤의 재킷이나 바지. 둘 다 파스텔 톤이어도
  좋다.

단단한
근육질의
터프한
섹스어필

**sexy** a. (sexier; iest) 《구어》

1 성적 매력이 있는, 섹시한; 매력적인, 남의 눈을 끄는

2 성적인, 도발적인; 아슬아슬한, 외설적인

**제**임스 딘, 엘비스 프레슬리, 말론 브란도. 이 유명한 남자들의 공통점은 무엇일까. 각각 표현 방법은 다르지만 섹시한 남성미를 강조하는 스타일을 연출하고 있다는 것이다. 그렇다면 데이비드 베컴과 안정환의 공통점은 무엇일까. 둘 다 뛰어난 축구 선수에다 일찌감치 결혼을 했다. 그리고 둘 다 스타급 선수로서 스포티 스타일이 아니라 섹시 스타일을 연출하고 있다는 공통점이 있다.

**섹시 스타일 정장**

섹시 스타일 캐주얼

섹시 스타일은 남성적이며 유혹적인 이미지를 추구한다. 터프한 근육질의 몸매를 강조하는 스타일로서 자신감, 흥분, 도발, 공격 등의 이미지를 나타낸다. 섹시 스타일을 연출하려면 기본적으로 신체 조건이 받쳐 주어야 한다. 왜냐하면 섹시 스타일의 미덕은 '남성적인' 근육질의 몸매를 드러내는 것이기 때문이다.

섹시 스타일은 이성을 향한 섹스어필을 중심으로 한다. 당연히 여자들의 시선을 한 몸에 받는다. 그렇게 함으로써 자신이 남자라는 정체성을 한층 더 강화하고 자신감을 얻는다. 뿐만 아니라 몸매를 과시하는 연출을 하기 때문에 자신의 몸에 대하여 늘 인식하고 관리하게 되는 장점을 가진다.

섹시 스타일에 대한 인식과 수용 정도는 시대에 따라 변화해 왔다. 1950년대와 1960년대, 섹시 스타일은 '불량배'의 이미지에 가까웠다. 그러다가 1980년대에는 스포츠 패션에 섹시 스타일이 적용되기 시작한다. 1990년대에 오자 섹시 스타일은 유럽의 디자이너를 중심으로 전위적이고 미래파적인 패션으로 태어난다. 최근에는 남성 패션의 중요한 흐름이 되어 보수적인 트래디셔널 브랜드를 제외한 거의 모든 남성복 브랜드의 디자인에 섹시 이미지가 반영되고 있는 추세이다.

오픈해서 입은
셔츠와 재킷

플라스틱 소재의 검은색 선글라스

## 섹시 스타일 패션

섹시 스타일은 타이트하다. 섹스어필을 염두에 두고 있기 때문에 몸에 달라붙는 타이트한 패션이 주종을 이룬다. 옷을 입었다는 느낌보다는 몸에다 옷을 맞추었다는 느낌이다. 자신의 뛰어난 남성미를 자랑하는 연출이기 때문에 때로는 과장되고 때로는 눈에 거슬린다. 많은 남자들이 이러한 섹시 스타일을 좋아한다. 특히 록 뮤지션은 대다수 이런 스타일이다. 지나치게 타이트한 바지만 골라 입는 로

모터사이클 재킷

드 스튜어트와 언제나 검은 색 가죽만 입었던 프레디 머큐리를 떠올려 보라.

섹시 스타일의 최대 강점은 여자들의 시선을 끈다는 것이다. 최대 약점은 너무나 적나라하다는 것이다. 섹시 스타일을 허용하지 못하는 사람들도 많으며, 섹시 스타일로

근육을 강조하는 조끼

는 갈 수 없는 곳도 많다. 뿐만 아니라 섹시 스타일에는 정교한 세련미가 전혀 없다.

리브 조직의 풀오버

섹시 스타일은 비고전적 분류의 남성적인 디자인이다. 근육질을 강조하여 마초다운 이미지를 만들어낸다. 남성적인 신체를 과시하는 방향으로 몸매를 드러내는 디자인을 택하며, 디테일은 아예 없든지 혹은 눈에 거슬릴 정도로 많은 디테일을 취한다. 실루엣은 타이트한 상의, 타이트한 하의, 혹은 상하의가 모두 타이트한 라인을 가진다. 어깨선은 과장되고 허리선은 강조된다. 어깨, 가슴, 엉덩이 등 신체의 특정 부분이 강조되거나 드러난다.

색상은 단연 블랙이 우세하다. 블랙과 화이트의 강한 콘트라스트를 즐겨 사용한다. 데님에는 밝은 블루, 다크 블루, 블랙 등의 색상

앞 주름이 없는 타이트 팬츠

이 적용된다. 소재로는 검은 색 가죽이 가장 사랑받는다. 타이트한 질감의 스판덱스, 라이크라, 면 니트, 가죽 등이 사용되며, 메탈도 중요한 소재로 사용된다. 패턴으로는 메탈 장식, 메탈 단추, 지퍼 등 헤비 메탈의 느낌을 강조하며, 종종 그래픽 디자인을 사용한다.

민소매 티셔츠

섹시 스타일을 추구하는 패션 브랜드로는 돌체 & 가바나, 디젤, 지아니 베르사체, 게스, 할리 데이비슨, 장 폴 고티에, 리바이스 등을 들 수 있다. 그 외에도 젊은 취향의 브랜드는 대개 섹시 스타일 디자인을 곁들이고 있다.

### 섹시 스타일이 어울리는 직업과 활동 ───

글래머러스한 시선 집중을 요구하는 직업에는 섹시 스타일이 잘 어울린다. 연예인, 록 싱어, 댄서, TV 스타 등이 여기에 속한다. 또한 헬스클럽 트레이너나 스포츠 관련 종사자에게도 섹시 스타일이 선호된다. 비즈니스로 말하자면 보수적인 전통 분야에서는 어렵지만 엔터테인먼트 산업에서는 받아들여진다. 레스토랑이나 나이트클

럽을 운영하는 기업가는 트래디셔널
이 아니라 섹시 스타일을 연출하는 경
우가 많다. 또한 가죽옷과 무거운 금
속제 벨트, 타이트한 민소매 티셔
츠 등, 어쩐지 사회에 불만을 품
은 불량스런 이미지의 젊은이
집단도 이 스타일의 범주에 속
한다고 할 수 있다.

**타이트한 청바지**

　　섹시 스타일이 각광 받는
분위기로는 음주가무 등의
밤 여흥, 그리고 나이트클럽
및 광란의 파티를 들 수 있다. 뿐만 아니라 최근에는 스
포츠에도 섹시 바람이 불고 있다. 특히 사이클, 수영, 육
상 선수들은 섹시 스타일로 경기에 임한다.

　섹시 스타일을 잘 연출해 내는 대표적인 인물들은 주
로 연예계에 존재한다. 아무래도 섹스어필이 가장 효율
적인 힘을 발휘하는 것이 인기의 가장 큰
비결이기 때문인가 보다. 앞에서
언급했던 제임스 딘, 말론 브
란도, 엘비스 프레슬리 외에도

**금속 장식을 한 벨트**

패트릭 스웨이지와 아놀드 슈왈츠네거 등을 꼽을 수 있다. 또한, 지금은 살이 많이 붙어서 과거의 화려했던 몸매의 흔적을 찾아볼 수 없지만, 1970년대 말 디스코 열풍을 주도했던 영화 〈토요일 밤의 열기〉에서 신들린 듯 춤을 추던 존 트라볼타의 타이트한 흰색 슈트와 뾰족

보디 재킷

한 앵클부츠는 섹시 스타일의 걸작이었다.

좀 더 최근의 예를 들자면, 영화 〈리플리〉에서 부러울 것 없이 자란 버릇없는 재벌 2세 디키 역을 근사하게 해낸 주드 로가 있다. 그 영화 때문에 국내에도 팬이 늘어났다. 흠잡을 곳 없이 잘 다듬어진 몸매를 맘껏 과시한 영화였기 때문에 그의 섹시한 매력이 한층 돋보였다. 지금은 스타일을 바꾸었지만 젊은 시절의 리처드 기어도 섹시 스타일의 대가였다. 버트 레이놀즈, 매트 딜런, 숀 펜, 윌 스미스 등도 섹시 스타일 부류이며, 안토니오 반데라스 역시 이 시대 빼놓을 수 없는 섹시 스타이다.

우리나라에는 누가 있을까. 영화배우 이정재, 정우성, 차인표, 차승원 등을 꼽을 수 있다. 이들은 하나같이 남

성적인 근육질의 몸매와 강한 마스크를 지니고 있으며, 그에 어울리는 역할을 맡음으로써 섹시한 이미지를 한층 강화한다. 가수로는 이승철과 클론, 그리고 비 등을 들 수 있다. 또한 〈천년지애〉에 서 섹시미를 과시한 모델 김남진도 빼놓을 수 없다.

앞이 뾰족한 앵클부츠

## 섹시 스타일 연출하는 법

▶ 몸매를 드러내는 연출. 상의나 하의 중 하나는 타이트하게 입는다. 상하의가 모두 타이트해도 된다.

▶ 아이템의 수는 많지 않게 한다. 겹쳐 입기는 하지 않는다.

▶ 재킷, 바지, 셔츠 중에서 최소한 하나는 검은 색으로.

▶ 가슴이 드러나 보일 정도로 셔츠를 오픈해서 입는다.

▶ 긴팔을 입었을 때는 팔뚝이 보일 만큼 말아 올린다. 반팔을 입었을 때는 이두박근이 보일 만큼 걷어 부친다.

▶ 타이는 안 한다, 절대로.

▶ 운동화나 캐주얼화에는 흰색 양말을 착용한다.

▶ 운동복 패션에는 운동화를 신고, 외출복에는 무거운 검은 구두나 부츠를 신는다.

▶ 모터사이클 재킷 안에는 티셔츠를 입거나 혹은 아무 것도 입지 않는다.

▶ 맨살 위에 조끼를 입는다.

▶ 보석류로는 펜던트(언제나 맨살 가슴팍이 드러난 곳에 한다), 헤비메탈 체인 목걸이와 벨트, 군대용 목걸이, ID를 새긴 팔찌, 헤비메탈 귀걸이 중에서 한두 가지를 선택한다. 모두 은장 제품으로 한다.

▶ 팔뚝 문신. (직장에 다니는 사람은 절대 금물.)

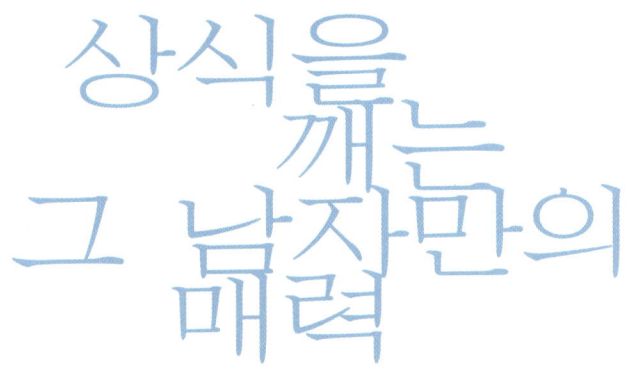

creative a.

1 창조적인, 창조력이 있는

2 창작적인, 독창적인

**전**통적인 미남도 아니고 남성미 넘치는 체격의 소유자도 아닌 홍록기가 매력 있는 것은 무엇 때문일까? 또한, 터프하거나 섹시한 외모가 아닌 박진영이 언제나 섹시하게 보이는 것은 무엇 때문일까? 이들에게는 뭔가 특별한 점이 있기 때문이다. 남들이 예측할 수도 없고 쉽게 흉내 낼 수도 없는 독특한 이미지 연출, 바로 창의성(creativity)이다. 이들이 연출하는 스타일은 크리에이티브(창의

크리에이티브 스타일 정장

크리에이티브 스타일 캐주얼

적)이다.

홍록기는 우리 연예계에서 가장 패션 감각이 뛰어난 남자라고 생각된다. 몇 십 년 전에나 입었을 법한 빨간 내복을 겉옷으로 연출해도, 혹은 상의와 하의가 각각 다른 패턴으로 된 형광 녹색의 슈트를 입고 나와도, 홍록기에게는 어울린다. 그는 상식을 뛰어넘는 과감한 패션 스타일을 선택하고 창조하고 연출하고 소화한다. 크리에이티브 스타일의 전형이다.

한편 박진영은 어떠한가. 그의 자연적인 외모 어느 구석에서도 마초 타입의 섹시함은 찾아볼 수 없다. 그러나 그는 자신만의 독특한 섹시 이미지를 성공적으로 연출한다. 때로는 보기에 민망스러울 정도로 타이트한 타이츠 위에 트레이닝 상의를 걸쳐 입기도 하고, 때로는 두꺼운 비닐로 온몸을 감싼 채 무대에 서기도 한다. 그런가 하면 타이트한 티셔츠를 입고 그 아래에 질질 끌리는 스커트를 둘러

입기도 한다. 그러나 그 모든 특이
한 패션이 전혀 어색하지 않다.
박진영 역시 뛰어난 패션 감각의
소유자이다.

총천연색 스트라이프
무늬의 스포츠 재킷

　크리에이티브 스타일은 평범
하지 독창적이며 예술가적인 이
미지를 추구한다. 혁신적이며 상상력이 풍부하고,
독립적이고 유니크하다. 창의적이고 실험적이며 자유롭
고 자발적이다. 이 스타일은 자신만의 독특한 개성을 효
과적으로 표현할 수 있게 해 준다. 전통 격식을 따르지
않기 때문에 선택의 폭이 넓으며, 사용할 수 있는 아이템
과 디자인이 풍부하기 때문에 시간과 돈을 절약할 수 있
다. 무엇보다도 '오직 나만의 스타일'을 주장함으로써
개성과 개별성을 입증하는 방법인 것이다.

## 크리에이티브 스타일 패션

　크리에이티브 스타일이 추구하는 것
은 판에 박히지 않은 모습을 연출함으
로써 예술가적 이미지를 구현하는 것이
다. 그러므로 결코 평범하지 않은 외모

하와이언 프린트 셔츠

기하학적 무늬
프린트 셔츠

와 스타일을 연출하려면 예술 및 미(美)에 대한 주관이 뚜렷해야 하며, 패션 상식이나 법칙에 좌우되지 말아야 한다. 평범하고 일반적인 것을 절대로 거부하는 것이 크리에이티브의 철칙이다.

이러한 철칙을 구현하기 위하여 평범하지 않은 색상과 소재와 패턴과 디자인을 사용한다. 크리에이티브는 비고전적 범주에 속한다. 그럼에도 불구하고 부조화의 조화를 연출하기 위하여 고전적인 스타일의 아이템이나 액세서리를 차용하기도 한다. 의상과 액세서리는 극단적이고 급진적이며 종종 지나치다는 느낌조차 드는데 바로 이 극단적인 특성이 약점이 된다. 보수적인 비즈니스나 전통적인 사교 모임 등에서 크리에이티브 스타일은 지나치게 진보적으로 인식되어 어울릴 수 없는 경우가 종종 일어난다.

크리에이티브 스타일의 디자인에는 법칙이 없다. 아니, 법칙이 없는 것이 법칙이다. 고전

대담한 기하학적 무늬, 자연 및 꽃무늬를 프린트한 타이

적인 스타일이든 비고전적인 스타일이든
어느 쪽으로부터도 디자인을 차용할
수 있으며 맘대로 혼합할 수도 있다. 직
선, 곡선, 사선 라인을 모두 사용할 수
있으며, 강한 디테일이나 부드러운 디
테일 둘 다 자유롭게 사용한다. 디자
인은 극도로 단순화하거나 지나치게
장식을 하거나 둘 중의 하나이다. 어
떠한 실루엣이든 거침이 없다. 느슨
하든지 타이트하든지 그들 둘을 혼합하든
지 자유롭다. 정형화된 라인을 따르든지, 자연스
러운 라인을 따르든지, 혹은 단정하지 않은 후줄
근한 라인을 따르든지. 어깨선과 허리선은 강조
해도 되고 무시해도 된다. 바지통은 좁을 수도 있
고 반대로 힙합처럼 넓을 수도 있다.

  색상 역시 평범하지 않은 것을 선호한다. 오
렌지색, 퍼플, 크롬옐로(노란색 안료 같은 색), 터
키색, 밝은 자홍색 등 강렬한 색조, 겨자색, 짙은 황토색,
황록색, 쑥색, 벽돌색 등 자연으로부터 따온 색조, 여기
에 라임그린, 시트론옐로(담황색이 도는 노란색) 등 네온

스플릿 슈트 (분할된 정장)

계열의 색조도 사용된다. 한 벌의 옷에 한 가지 색상만 사용하기도 하며 총천연색을 사용하기도 한다.

소재로는 자연 섬유와 합성 섬유가 두루 사용된다. 부드럽고 드레이프 지는 것으로부터 단단하고 딱딱한 직물에 이르기까지, 촘촘한 조직, 세밀한 조직, 표면 질감이 거친 옷감 등이 모두 사용된다. 이들 중 가장 사랑받는 소재는 레이온, 코튼, 그리고 울이다. 패턴은 와일드하고 별난 것을 차용한다. 과장된 격자무늬, 기하학적 문양, 추상적인 문양, 에스닉(민속 복장에서 영향을 받은 디자인) 문양, 테마 프린트 등 다양한 패턴을 따로 적용하기도 하고 함께 적용할 수도 있다. 종종 손으로 직접 그린 디자인을 패턴으로 사용하기도 한다.

**모피로 안을 덧댄 레인코트**

크리에이티브 스타일을 추구하는 패션 브랜드로는 지아니 베르사체, 돌체 & 가바나, 아이스버그, 장 폴 고티에, 겐조, 미소니, 로메오 지글리, 페리 엘리스 시그내처 컬렉션 등을 들 수 있다. 특이한 신발은 조디악에서 찾을 수 있다.

## 크리에이티브 스타일이 어울리는 직업과 활동

상품이나 환경, 혹은 이미지를 디자인하는 데에 관련된 직종은 그 자체로 이미 크리에이티브 스타일을 대변한다. 크리에이티브 스타일의 연출은 그 사람이 재능이 있으며 예술가적인 감각이 뛰어나다는 것을 입증한다. 배우, 광고 디자이너, 건축가, 아티스트, 댄서, 엔터테이너, 패션 디자이너, 헤어 스타일리스트, 인테리어 디자이너, 음악가, 사진 작가 등 개인의 창의력과 창작의 자유를 소중히 하는 직종에서는 크리에이티브 스타일을 선호한다. 특히 패션 디자이너 중에는 자신만의 독특한 스타일을 스스로 개발하여 몸소 연출하는 경우가 종종 있다. 앙드레 김을 떠올리면 쉽게 이해가 갈 것이다.

작고 동그란 금속제 안경 프레임

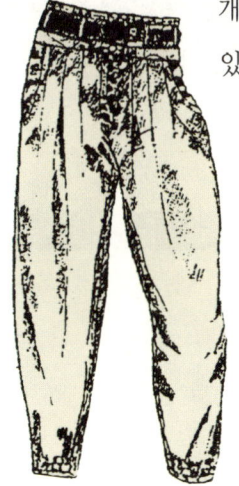

주름을 여러 겹 잡은 배기팬츠

또한 예술적인 느낌이 있는 활동 영역에는 이 스타일이 어울린다. 아트 갤러리나 패션 쇼, 재즈 바, 록 콘서트에 갈 때에는 예술적이며 독창적인 크리에이티브가 적합하다. 또한, 예술적 취향으로 유명한 지역

**비대칭형 손목시계**

을 관광하고 그 곳의 음식점에서 식사를 할 때에도 크리에이티브 스타일이 분위기를 돋워 줄 것이다.

크리에이티브 스타일의 대표적인 인물로는 마이클 잭슨, 로빈 윌리엄즈, 우디 앨런 등을 꼽는다. 이들은 모두 뛰어난 엔터테이너이며, 다재다능한 탤런트의 소유자이다. 이들의 개성을 전달하는 데에는 크리에이티브 스타일이 가장 적합하다. 우리나라에서는 앞에서 예를 든 홍록기와 박진영 외에, 무대 위의 서태지, 전인권, 그리고 영화배우 이범수, 유승범 등이 이 범주에 든다.

**금속 장식이 화려한 벨트**

**고무창 스트리트 슈즈**

## 크리에이티브 스타일 연출하는 법

▶ 비전통적, 상식을 깨는 연출.

▶ 한 벌의 복장 안에 몇 가지의 서로 공통점이 없는 패턴이나 겹쳐 입기나 색상을 연출한다.

- ▶ 셔츠에는 비전통적인 패턴을 적용하거나 어둡거나 중간 톤의 색상을 선택한다.
- ▶ 대담하고 컬러풀한 패턴이 있는 타이. 재킷과 함께 연출하거나 재킷 없이 타이만 연출한다.
- ▶ 슈트 정장에 어두운 색의 셔츠를 입는다.
- ▶ 신발은 아주 일반적인 것이나 아니면 매우 특이한 것을 선택한다.
- ▶ 양말과 바지는 서로 매치시키지 않는다.
- ▶ 포켓 스퀘어를 할 때에는 재킷이나 셔츠, 타이의 색과 조화시키지 않는다.
- ▶ 보석류는 관습을 따르지 않는 것으로 선택하고, 귀걸이는 한쪽만, 재킷의 깃에는 핀을 꽂는다.
- ▶ 기발한 색상(연한 황록색 등)을 선택하거나, 일반적인 색상을 사용할 때에는 전혀 뜻밖의 아이템에 적용한다(오렌지 색 바지 정장 등).

dramatic a.

1 희곡의, 각본의; 연극의[에 관한]

2 극적인; 연극 같은

3 【음악】 〈가성(歌聲)이〉 낭랑하게 울리는

**사**람이 북적대는 넓은 실내. 회의석
상이라도 좋고 연회장이라도 좋
다. 문이 열리고 남자가 들어온
다. 그리고 그가 들어오는 순간 실내는 거짓
말처럼 조용해지며 모든 사람들의 눈은 입
구에 서 있는 그 남자를 향한다. 그 남자가
한 걸음씩 걸어 들어올 때마다 그의 주위
에는 범접할 수 없는 기운이 형성된다. 어
쩌면 위대함 같은, 어쩌면 고독함 같은,
어쩌면 두려움 같은, 알 수 없는 분위기가

드라마틱 스타일 정장

드라마틱 스타일 캐주얼

그를 감싸고 있다.

흔히 접하게 되는 상황은 아니지만, 이와 유사한 경험을 겪어본 적이 있는 사람이라면 남자의 카리스마가 주는 위력을 알고 있을 것이다. 말로는 쉽게 표현할 수 없는 당당함, 누구에게나 명령을 내릴 듯한 위력 있는 모습, 그러면서도 감히 비교할 수 없는 품격과 섹스어필. 눈에 띄게 특이한 것은 아니지만 그렇다고 해서 절대로 평범하지도 않은 그의 스타일은 카리스마를 웅변적으로 나타낸다. 바로 드라마틱 스타일이다.

드라마틱 스타일이 추구하는 것은 당당하고 세련된 이미지이다. 드라마틱 이미지는 수동적이 아니라 공격적이며 대담하다. 자신감에 가득 차 있으며 그 확신으로 남을 압도한다. 도시적이며 코스모폴리탄이다. 그런가하면 초월한 듯, 남들과는 다른 차원에 있는 듯하다.

드라마틱 스타일을 연출하려면 우선 신체적 조건이 충족되어야 한다. 말라서도 안 되고 살이 쪄서도 안 된다. 여성적이거나 빈약한 체격도 어렵다. 남성적인 역삼각형 실루엣이 이상적이다. 이러한 실루엣을 살리기 위해서 의상은 과장된 라인을 사용하는 등 종종 극단적인 느낌을 주기도 한다. 드라마틱 스타일을 연출할 때에는 헤어스타일도 중요하다. 조각처럼 정형적인 스타일로 연출하여 전체적인 이미지를 완성하게 되는데, 완벽한 드라마틱 연출이 주는 분위기는 품격과 섹스어필이다.

터틀넥 스웨터

## 드라마틱 스타일 패션

드라마틱 스타일은 세련된 이미지를 추구하며 위압적인 외모로 특징지어진다. 라인이 강조되고 과장되어 있기 때문에 고전적인 범주에 속하지 않는다. 극도로 완벽하게 정형을 갖춘 이 스타일은 특히 남자의 어깨를 강조함으로서 파워와 권위의 느낌을 준다. 드라마틱 스타일로 연출한 외모는 머리끝부터 발끝까지 놀라울

대담한 디자인의 서스펜더

정도로 완벽해야 한다. 전체적으로 디테일을 최소화함으로써 옷 자체의 라인을 강조하거나 또는 넥타이 등의 액세서리를 돋보이게 하는 효과를 가진다. 스타일 연출의 키워드는 과장과 극단이다. 그러나 드라마틱 스타일은 때와 장소를 잘 구별해야 한다. 아직도 보수적인 비즈니스계나 일상적인 활동 영역에서 이 스타일은 종종 지나치게 위압적인 인상을 줄 수도 있다.

6-버튼 더블
브레스티드 슈트

드라마틱 스타일은 비고전적인 디자인을 사용한다. 재킷의 어깨선과 칼라 깃이 특히 강조되고 전체적으로 기하학적인 라인이나 직선 라인이 사용된다. 구조적이며 체계적인 디자인으로 흠잡을 곳 없이 완벽하게 원칙에 맞춘다. 디테일을 최소화함으로써 강렬한 이미지를 부각시킨다. 실루엣은 긴 역삼각형을 구현하며, 허리 라인은 아예 없거나 있어도 약간 들어간 정도이다.

큼지막한 도트 무늬타이,
기하학적 무늬의 타이

색상으로는 검은색, 회색, 네이비, 암회색, 흰색 등의 무채색 계열과 로열 블루, 퍼플, 밝은 옐로, 레드, 틸(암녹색을 띤 청색), 퓨셔(밝은 자홍색) 등의 강렬한 유채색이 사용된다. 또한 루비, 에

검은색 개버딘 소재 슬랙스

메랄드 그린, 사파이어 블루 등 보석에서 따온 색상도 사용된다. 이러한 색상은 많이 혼합되지 않고 한두 가지만 사용하여 조화시킨다. 소재는 선택할 때에는 옷의 형태를 유지할 수 있는 단단한 질감의 직물이 사용된다. 촘촘하게 짠 직물, 부드럽지만 단단하게 마감된 직물, 광택이 있거나 없는 직물 등이 고루 사용되지만, 가장 잘 어울리는 것은 울 개버딘이다.

패턴으로는 스웨터에는 듬성듬성 배열되도록 디자인된 과장된 크기의 문양이 사용되며, 넥타이에는 추상적인 문양이나 기하학적인 문양, 양식화 된 프

대담한 줄무늬 셔츠

흰색 칼라와 커프스, 콘트라스트를 준 가로줄무늬 셔츠

린트가 사용된다. 셔츠에는 대담한 직선 패턴이나 종종

**검은 색 두꺼운 안경 프레임**

도트 패턴이 사용된다. 드라마틱 스타일을 추구하는 패션 브랜드로는 아르마니, 휴고 보스, 랑방, 미소니, 발렌티노, 베르사체 등을 들 수 있다.

## 드라마틱 스타일이 어울리는 직업과 활동 ——

드라마틱 스타일에 꼭 맞아 떨어지는 직업 분야가 몇 가지 있다. 파워 있는 사람들과 함께 일을 하거나 파워 있는 기업체에서 일을 할 때 이 스타일이 주는 강한 이미지는 효과적이다. 드라마틱은 파워를 강조할 뿐만 아니라 동시에 패셔너블한 세련미를 추구하기 때문에, 패션이나 인테리어 디자인 등 예술적 감각을 표방하는 분야에도 잘 들어맞는다. 또한 스타일의 연출이 시선을 끌기 때문에 TV에 등장하는 사람들, 공연자, 대중 연설자 등도 종종 드라마틱 스타일을 차용한다. 광고회사 종사자, 아티스트, 기업체 중역, 패션 디자이너, 인테리어 디자이

**은장 버클이 달린 가죽 벨트**

너, 마케팅 종사자, 대중 연설가, 법률가, 연예계 종사자 등 사람을 상대하는 전문직종에 어울린다.

평소 스타일은 아니지만, 드라마틱한 연출이 효과를 나타내는 활동 영역도 있다. 모임의 성격을 불문하고 자신이 돋보이고 싶거나 강한 인상을 주고 싶다면 바로 드라마틱 스타일을 선택하면 된다. 기자회견이나, 협상, 프레젠테이션에서 드라마틱 스타일은 강력한 효과를 나타낼 것이다. 대규모 파티나 오프닝 이벤트, 고급 레스토랑에서의 정찬 등 화려한 자리에서도 드라마틱 스타일은 빛을 발한다.

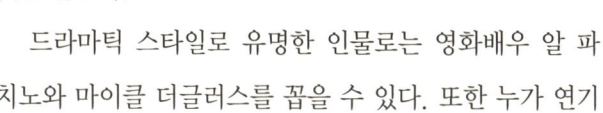

**깃이 넓은 톱코트**

드라마틱 스타일로 유명한 인물로는 영화배우 알 파치노와 마이클 더글러스를 꼽을 수 있다. 또한 누가 연기

하든지 드라큘라의 캐릭터도 드라마틱의 전형이다. 그런
가 하면 원래 사랑스러운 이미지를 가진 영화배우 키아
누 리브스도 영화 〈매트릭스〉에서는 강력
한 드라마틱 스타일을 보여준다. 우리나
라에서 찾아보면, 이건희 회장, 영화배
우 최민수, 유오성, 허준호, 탤런트 지
진희, 가수 신해철, 서태지, 김경호 등이
드라마틱 스타일을 잘 대변하고 있다.

문자판이 검은 손목시계

## 드라마틱 스타일 연출하는 법

▶ 어두운 색과 밝은 색의 강한 콘트라스트, 혹은 상하
  의 모두 검은 색.

▶ 한 가지 복장에는 한 가지만 대담한 패턴을 사용한
  다. 예를 들어서 검은 색 솔리드 슈트에 흰색 솔리드
  셔츠, 여기에 대담한 넥타이.

▶ 공식적인 자리에는 흰색 셔츠를 입는다. 그보다 덜

공식적인 비즈니스에는 강한 스트라이프 셔츠를, 캐주얼한 자리에는 어두운 색이나 밝은 색의 솔리드 셔츠를 입는다.

▶ 타이나 칼라 깃은 강조되어도 괜찮다. 평균보다 조금 더 넓거나 조금 더 좁은 것으로 한다.

▶ 신발은 언제나 검은 색. 비즈니스에는 가죽 제품을 신고 캐주얼에는 가죽이나 캔버스 소재의 신발을 신는다.

▶ 정장일 때에는 바지나 구두에 양말을 매치시키고, 캐주얼에서는 콘트라스트를 주기도 한다. 예를 들어서 검은 색 슬립온 구두에 흰색 양말.

▶ 벨트는 광택 나는 가죽 소재나 장식적인 버클이 있는 것으로 한다.

▶ 비즈니스 슈트에는 각 지게 접은 흰색 행커치프.

▶ 보석류는 헤비한 느낌의 것을 착용한다. 반지, 손목시계, 팔찌, 커프스 버튼 중에서 한두 가지를 선택한다.

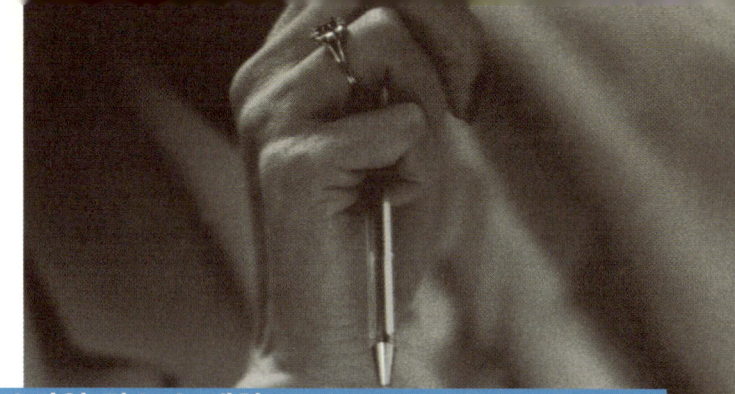

**제 8장** | **스타일 믹스 & 매치**

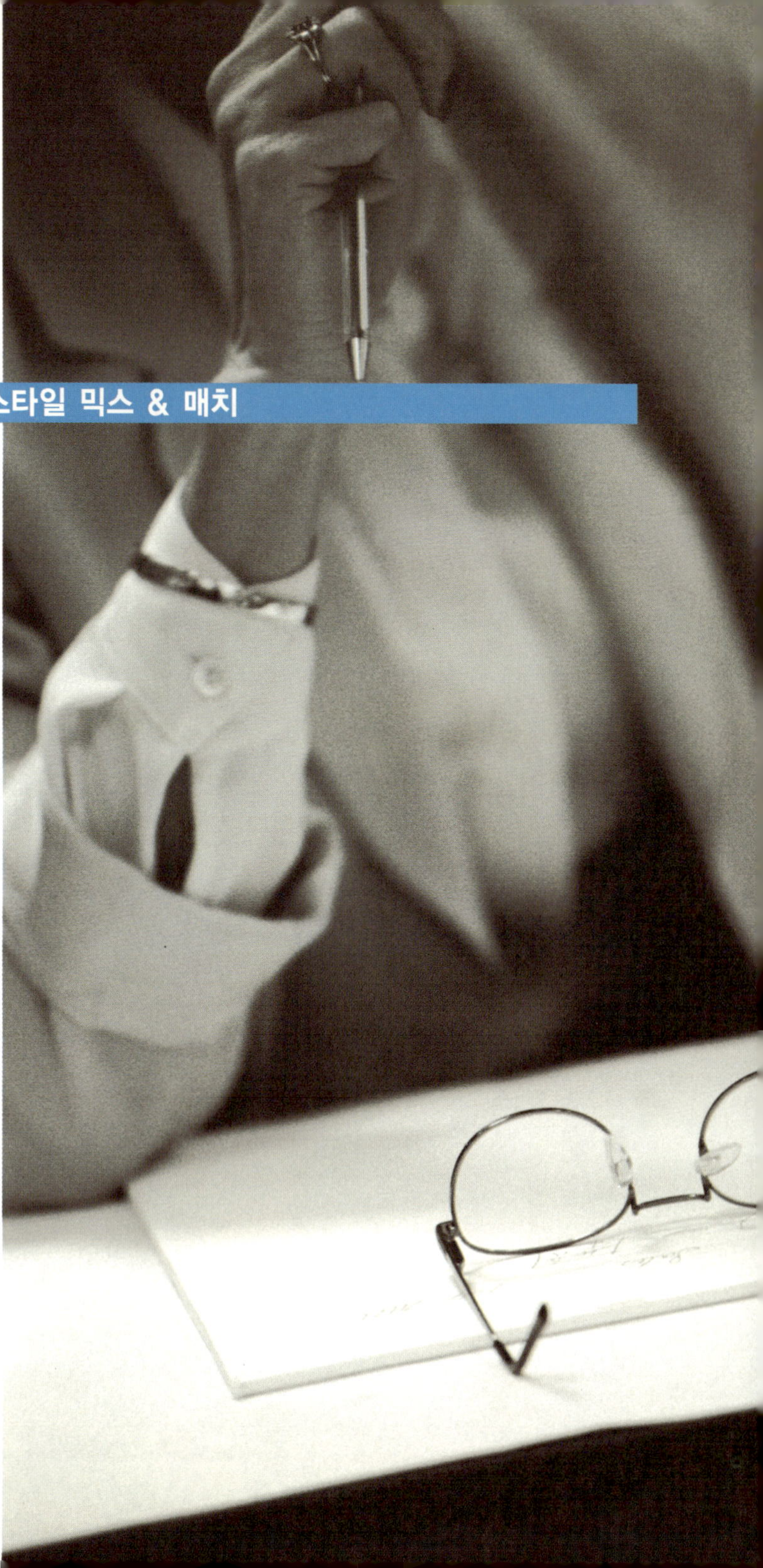

지금까지 일곱 가지의 기본 스타일에 대해서 살펴보았다. 언제나 한 가지 스타일로 규정되는 남자도 있겠지만, 대부분의 경우에는 그 중에서 두세 가지 스타일이 자신에게 맞는다는 것을 발견했을 것이다. 그렇다면 서로 다른 두세 가지의 스타일을 어떻게 통합하고 결합시킬 것인가 하는 문제가 남는다.

대개의 경우, 남자의 활동에는 여러 가지 영역이 있기 때문에 한 가지 스타일로 모든 경우에 맞출 수는 없다. 무엇보다도 먼저, 나 자신은 어떤 사람이며, 나의 목표는 무엇인지 파악하는 것이 중요하다. 그런 다음에는 내가 가지고 있는 여러 가지의 다양한 요소들을 어떻게 조화시킬 것인지 결정해야 한다. 과연 내가 성취하고자 하는 인생의 목표는 무엇인지 스스로에게 물어보라. 명성, 지위, 신용, 돈, 여유로운 삶, 원만한 인간관계, 여자들에게 인기 있는 것, 개성, 권력... 정직하게 대답하기 바란다. 남자의 복식에서 가장 중요한 요소 중의 하나는 목적하는 바를 추구하기 위한 수단으로서 옷을 입는다는 점이다. 비즈니스계의 스타가 되는 것이 목표라면 절대로 스포티 스타일을 연출해서는 안 되는 것처럼, 목적에 따라 복식의 기본 스타일이 결정된다.

그러나 당신 인생의 목표와, 당신이 본래 가지고 있는 라이프스타일이 서로 다른 복장 스타일을 원할 때에는 어떻게 해야 할까. 당신이 원하는 두세 가지 스타일이 가지고 있는 장점을 결합하고 조화시킴으로써 그 해답을 얻을 수 있다.

스타일을 결합하는 데에는 두 가지 방법이 있다. 우선, 자신에게 맞는 두세 가지 스타일의 원칙적인 특징을 혼합하여 연출하는 법이다. 그러나 이 방법은 매우 세련된 감각이 필요한 작업이며, 잘못하면 스타일 연출에 실

패할 위험이 크다. 다른 방법으로는 할 때에는 우선 기본
을 이루는 스타일이 결정되어야 한다. 가장 중요한 목적
에 맞는 스타일을 기본으로 선택하는 것이 안전하다. 그
렇게 한 다음에 조합하고자 하는 스타일의 특징적인 액
세서리를 더함으로써 두 가지 이상의 스타일을 효과적으
로 결합시킬 수 있다.

또한, 자신의 라이프스타일이 요구하는 스타일과 자
신의 취향이 요구하는 스타일이 다를 때에도 스타일의

혼합은 편안한 해결책이 된다. 예를 들어서 당신이 재즈 마니아로 매일 재즈 바에 가서 시간을 보낸다고 하자. 일반적으로는 크리에이티브 스타일이 어울린다. 그러나 당신의 의복 취향은 튀는 것을 꺼리며 편안한 것을 선호한다면, 구태여 크리에이티브를 연출하여 불편하게 있을 필요는 없다. 편안한 스포티 스타일에 크리에이티브 스타일의 액세서리를 더하는 것으로 충분하다.

이미 앞에서 설명했듯이, 남자의 일곱 가지 스타일 중에서 스포티, 트래디셔널, 엘리건트는 고전적인 범주에 속하고, 로맨틱, 섹시, 드라마틱, 크리에이티브는 비고전적인 영역에 속하는 스타일이다. 일곱 가지 중에서 기본이 되는 스타일을 선택하여 복식의 기본 아이템을 갖춘 다음에, 혼합하고자 하는 스타일의 특징적인 아이템이나 액세서리를 연출한다. 각 스타일의 특징적인 액세서리 연출을 간단하게 정리해 보면 다음과 같다.

## 스타일 믹스 & 매치 테크닉

| 스타일 | 연출의 기본 | 특징적인 액세서리 아이템 |
| --- | --- | --- |
| 스포티 | 타이트하지 않음, 겹쳐 입기 | 밝은 색의 폴로셔츠, 로퍼 |
| 트래디셔널 | 단정함, 단추를 채움 | 스트라이프 타이, 윙팁 |
| 엘리건트 | 부드러움, 세련 | 실크 포켓 스퀘어, 부드러운 소재의 옥스퍼드 |
| 로맨틱 | 느슨한 실루엣, 강하지 않은 소재와 색상 | 물 실크 셔츠, 신기 편안한 스웨이드 슈즈 |
| 섹시 | 타이트함, 노출 | 펜던트, 타이트한 바지 |
| 드라마틱 | 강조, 콘트라스트 | 대담한 기하학적 무늬의 타이, 대담한 손목시계 |
| 크리에이티브 | 일반적이 아닌 색상, 미스매치 | 예술적 디자인의 타이 중간 톤의 셔츠 |

믹스 & 매치의
모델
여섯 가지

## SEXY-SPORTY
### 섹시 스포티 스타일

　　20대 중반의 A씨는 고등학교 축구 팀 코치로 일하고 있다. 그의 생활은 주로 운동장과 체육관에서 이루어진다. 지금까지는 운동 밖에 모르는 생활이었지만 이제 여자들과 어울리는 사교활동도 시작해볼까 하는 생각으로 이번 주말에는 친구들과 함께 클럽에 가기로 했다. 자신의 철저한 스포티 스타일만으로는 여자들에게 어필하기 어렵다고 생각한 그는 섹시 스타일을 연출하기로 했다. 가죽 벨트, 검은 색 가죽 재킷과 가죽 구두 등 섹시 아이템에 스포티 스타일 흰색 민소매 셔츠를 코디하였다. 이렇게 함으로써 그는 자신 고유의 스포티 스타일에 섹시 스타일을 믹스하여 자신을 돋보이게 하는 섹시 스포티 스타일을 연출하였다.

## DRAMATIC-ROMANTIC
드라마틱 로맨틱 스타일

선이 굵은 미남형의 L씨는 여름 휴양지에 있는 레스토
랑의 매니저. 자신의 이미지가 강하다는 것을 알고 있는
그는 고객들에게 좀 더 부드러운 인상을 주고자 스타일
을 바꾸기로 했다. 드라마틱 스타일의 검은 색 실크 티셔
츠 위에 로맨틱 스타일의 흰색 린넨 더블 브레스티드 슈
트를 입었다. 흰색과 검정의 하이 콘트라스트는 본래 지
니고 있는 드라마틱 스타일을 유지시켜 주며, 슈트의 연
한 색상과 티셔츠의 실크 질감은 좀 더 부드럽고 편안한
이미지를 만들어 준다. 그의 새로운 선택은 드라마틱과
로맨틱을 성공적으로 조화하고 있다.

## CREATIVE-ROMANTIC
크리에이티브 로맨틱 스타일

    대기업의 중간관리자였던 H씨는 음반 기획을 하는 소규모 회사의 임원으로 발탁되었다. 새 직장에 출근하기 전, 그는 지금까지의 보수적인 스타일에 변화를 주어야 한다는 것을 깨달았다. 예술적인 직장 분위기에 어울리고 싶었을 뿐만 아니라 부하 직원들에게 친근하게 다가서고 싶었기 때문이다. 그는 광택 나는 소재의 패셔너블한 스포츠 코트와 여기에 매치되는 약간 배기 스타일의 슬랙스를 입고, 최신 유행의 스트라이프 타일을 골랐다. 신발은 검은 색 몽크 스트랩 슈즈로 결정했다. 이렇게 함으로써 그는 로맨틱 스타일의 친근한 실루엣과 크리에이티브 스타일의 예술적 감각을 활용한 것이다.

## TRADITIONAL-CREATIVE-SPORTY
트래디셔널 크리에이티브 스포티 스타일

P씨는 프로 스포츠 경력을 가지고 있는 편안하고 캐주얼한 스타일의 남자로 최근에 직업을 바꾸었다. 새로운 직장은 부동산 회사인데, 예술가적 세련미가 있는 지역사회에 위치하고 있다. 그 지역의 클라이언트를 만족시키기 위해서는 이미지 변신이 필요하다고 생각한 P씨는 좀 더 프로페셔널다운 복장을 갖추기 위해 보수적인 슈트와 드레스 셔츠를 구입했다. 그러나 자신 고유의 낙천적인 개성을 죽이고 싶지 않은 그는 정통 스타일의 옥스퍼드 대신에 스웨이드 구두를 신었다. 대담하고 재미있는 디자인의 넥타이를 연출함으로써 그 자신을 만족시킴을 물론 예술적인 포용력이 있는 고객들에게 어필하였다. 이렇게 함으로써 P씨는 트래디셔널 스타일, 크리에이티브 스타일, 그리고 스포티 스타일의 결합을 매우 훌륭하게 연출하고 있다.

## ELEGANT-TRADITIONAL-SPORTY
## 엘리건트 트래디셔널 스포티 스타일

연구원 C씨가 다니는 연구소는 자유로운 복장을 허용하기 때문에 그는 스포티 캐주얼을 입고 출근한다. 그가 최근에 소개 받아서 사귀기 시작한 여자는 부유한 집안 출신인데 이번 주말의 그녀의 집으로 저녁 초대를 받았다. C씨는 평소의 스포티 스타일보다는 좀 더 보수적이고 세련된 이미지를 연출하기로 했다. 체크무늬의 스포츠 코트 안에 캐시미어 소재의 폴로 스웨터를 입고 목에는 스카프 장식을 연출하였다. 바지는 트래디셔널 디자인을 골랐으며, 여기에 편안한 로퍼를 신었다. 이렇게 함으로써 그는 스포티 스타일, 엘리건트 스타일, 그리고 트래디셔널 스타일의 장점을 성공적으로 조화해 냈다.

## ELEGANT-DRAMATIC-TRADITIONAL
엘리건트 드라마틱 트래디셔널 스타일

K씨는 성공적인 경력을 가진 변호사. 그는 최근 대규모 법률사무소로부터 함께 일하자는 제의를 받아들였다. 지금까지보다는 좀 더 세련되고 파워풀한 이미지를 연출해야겠다고 생각했다. 그가 선택한 아이템은 어깨를 강조한 더블 브레스티드 슈트, 실크 소재의 디자이너 타이, 맞춤 셔츠, 그리고 깃이 강조된 캐시미어 오버코트이다. 여기에 말쑥한 디자인의 모자를 쓴다면 엘리건트 이미지를 한층 더 강조할 것이다. 비즈니스맨다운 검은 색 옥스퍼드와 단단해 보이는 브리프케이스는 그대로 사용하기로 했다. 이렇게 함으로써 K씨는 드라마틱 스타일의 파워, 엘리건트 스타일의 세련미, 그리고 트래디셔널 스타일의 보수적 안정성을 효과적으로 믹스하였다.

성공하는 남자의 정장 연출법

*part* II

비즈니스맨의
성공은
올바른
정장 연출로
부터
시작된다

**같**은 정장인데도 어떤 남자는 멋있고 어떤 남자는 후줄근하다. 비슷한 복장인데도 세련된 남자가 있는가 하면 남의 옷을 빌려 입은 듯 어색한 남자가 있다. 물론 각자 타고 난 기본적인 체형 및 얼굴의 모습이나 표정 등과도 관련이 있겠지만, 그 보다는 어떻게 입었는가 하는 연출법에 의하여 더 많이 좌우된다.

패션은 여성복이 더 화려한 듯 보이지만 이미지 컨설턴트인 나의 입장은 그렇지 않다. 제대로 갖추어 입기만 한다면 남성 정장만큼 우아하고 세련되며 화려한 복장은 없다. 남성 정장은 여성복에 비하여 역사가 길다. 또한 여성복은 디자인에서 많은 변화를 겪어 왔으며 현재에도 다양한 스타일이 동시에 실현되고 있지만, 남성 정장은 기본 틀에서 크게 벗어나지 않는다. 그만큼 복식 규칙이 정형화되어 있기 때문에 잘 갖춰 입으면 멋있지만, 그렇지 않으면 금세 티가 나는 법이다.

여성복은 드레시하기만 하다면 정장과 비정장의 경계가 희미해진다. 그러나 남성 정장은 어디까지나 정장의 규칙과 법칙이 있다. 바로 이러한 점 때문에 남자의 정장 복식은 형식미가 있다. 그리고 그 형식을 제대로 알고 이해하고 지키는 것이 정장 연출의 기본이다.

남자의 정장 연출은 슈트로 대표된다. 그 안에 받쳐 입어야 하는 셔츠와 바지허리를 잡아주는 벨트, 악센트를 주는 넥타이, 여기에 슈트에 어울리는 구두가 기본 아이템이다. 물론 양말도 신어야 하고, 지갑과 가방도 지녀야 하며, 스타일에 따라서는 행커치프나 모자도 더해진다.

물론 스타일을 챙겨 주는 개인 코디네이터가 있어서 매일 아침 고민하지 않고 옷을 입을 수 있다면 문제가 없다. 그러나 정장 연출의 기본을 익히기만 한다면, 그리고 조금만 부지런하다면, 언제나 깔끔하고 세련된 차림으로 비즈니스를 할 수 있다. 정장은 비즈니스맨의 기본 복장이다. 비즈니스의 성공은 제대로 된 정장연출로부터 시작된다.

슈트는
비즈니스맨의
기본
복장이다

**슈**트(suit)는 남자의 경우는 상의(코트 또는 재킷) · 조끼 · 바지로 조합된 신사복을 지칭하며, 여자의 경우는 재킷 · 스커트 · 블라우스로 구성된 한 벌을 의미한다. 슈트는 원래 남자의 양복으로 시작되었다. 기능성이 좋아 급속히 일반화된 후, 여자의 운동복으로 적용되다가 테일러 슈트(재단사가 만든 맞춤양복)를 시초로 오늘날의 일반적인 남성 정장이 되었다.

슈트는 비즈니스맨의 기본 복장이다. 당신의 직업이 무엇이든 슈트는 당신의 옷장에서 가장 중요한 아이템인

데, 그 이유는 다음과 같다. 첫째, 남자는 슈트를 입음으로써 진지한 태도를 나타낸다. 공식 석상이나 비즈니스 미팅에 캐주얼 차림으로 나타나는 것은 이미 진지함을 상실했음을 의미한다. 옷이 날개라는 말이 허영심을 비웃는 뜻으로 사용되기도 하지만, 슈트의 경우엔 어쩔 수 없이 옷이 날개다. 슈트는 그 옷을 입은 남자에 대하여 많은 것을 대변한다. 둘째, 일반적으로 슈트는 비싼 복장이다. 그러나 관리만 잘 한다면 몇 년이고 입을 수 있으며 대개 유행을 타지 않기 때문에 장기적으로는 경제적인 복장이다.

면접 시험장에 들어설 때부터 성공한 사업가로 자리잡을 때까지, 일단 비즈니스계에 뛰어들려고 마음먹었다면, 당신은 슈트와 친해져야 한다. 가장 많은 시간, 가장 다양한 장소에서 입게 될 옷이기 때문이다. 슈트의 연출에서 가장 중요한 것은 슈트를 선택하는 것이다. 그것이 값비싼 테일러 슈트이든 아니면 기성복이든, 자신의 신체적 특성에 잘 어울리며 신체적 결점을 잘 보완하는 디자인과 색상을 선택하는 것이 중요하며, 또한 시간과 장소, 자리에 적합한 디자인과 색상을 고르는 것 역시 슈트 연출의 성패를 판가름하는 중요한 요소이다.

## 슈트의 선택

　키가 크고 마른 체형은 라펠(슈트 상의의 깃)과 어깨가 넓은 슈트, 어깨선이 각이 진 슈트, 쓰리피스 슈트를 선택하도록 한다. 마른 체형을 커버한다고 헐렁하게 입으면 절대로 모양이 안 난다. 키가 작고 마른 체형은 좀 넉넉하면서 길이가 짧은 상의를 선택하도록 한다. 밝고 환한 색상의 바탕에 가로 무늬를 강조한 패턴이 좋다. 뚱뚱한 체형은 짙은 색을 입음으로써 체형을 효과적으로 보완할 수 있다. 키가 크고 체격이 좋은 체형은 어깨선이 일직선으로 딱 떨어지는 스타일이 어울린다. 바지는 발목으로 갈수록 좁아지는 형태를 입도록 한다.

## 슈트의 색상

**청색 계열:** 비즈니스 복장으로 가장 사랑받는 것은 청색 계열의 슈트이다. 다분히 성공 지향적이며 도시적인 이미지를 연출한다. 소위 '석세스 블루(성공한 남자의 푸른 색)'이라고 불리는 이 계열의 대표적 복장은 다크 블루 색상의 핀스트라이프(가늘고 촘촘한 세로줄무늬) 슈트이다.

**회색 계열:**
영화 〈위대한 개츠비〉에서 톰 뷰캐넌의 모습을 기억하는가. 회색 플란넬 슈트를 입음으로써 약간 거만한 듯하면서도 자신감

에 가득 찬 사업가의 이미지를 성공적으로 연출해 냈다. 이처럼 회색 계열의 슈트는 성취한 남자의 이미지를 연출한다. 회색 계열의 슈트에는 셔츠의 선택 폭이 넓다는 장점이 있다. 파스텔 계통도 무리 없이 어울릴 뿐 아니라 칼라와 커프스 부분이 흰색으로 된 셔츠일 때에도 무난하게 소화해 낼 수 있다.

**밤색 계열:** 원래는 비즈니스 슈트로는 적당하지 않은 색상이었는데 레이건 대통령 이후부터 남성 정장의 한 부분을 점유하게 되었다. 그러나 밤색 계열은 연출이 그다지 수월하지 않기 때문에 정장 연출 초보자나, 면접에 갈 때에는 피하는 것이 바람직하다.

## 상황에 따른 색의 이미지

▶  보수적인 직종의 취업면접에 적합한 색상

**남색** : 권위적인 색으로 신뢰, 책임감, 정돈된 균형 감

각을 나타낸다.

**감청색** : 믿음, 충실, 신뢰감을 나타낸다.


▶  창의적인 직종의 취업면접에 적합한 색상

**노란색** : 민첩하고 활기찬 개성을 강조한다.

**핑크** : 차분한 색으로 상대방으로부터 친절한 태도를

유도한다.

**검은색과 흰색의 콘트라스트** : 날카로운 감수성을 표현

한다.

**수레국화의 청색** : 기발하고 풍부한 상상력을 나타낸다.


▶  비즈니스 미팅이나 점심 식사에 어울리는 색상

**검은색** : 힘과 권력을 나타낸다.

**남색** : 신뢰감을 표현한다.

**감청색** : 호감을 가지고 있음을 암시한다.

**짙은 회색** : 성공과 권력을 나타낸다.

**담황갈색 또는 갈색** : 부담이 없으며 안정과 믿음의 느
　　　　　　　　　　　　　낌을 준다.
**푸른 기운이 도는 빨강** : 따뜻한 마음과 활력을 의미한다.

▶ *상류층 사람들에게 어필할 수 있는 색상*

　　대출을 신청한다거나 이사회에 참석할 때, 혹은 재
정 문제를 상의하는 등, 결정권을 가지고 있는 사람들
에게 호소력을 발휘하고자 할 때에는 다음과 같은 색상
이 도움을 줄 것이다. 검푸른 녹색, 자주색, 파란 바탕
이 깔린 빨강, 짙은 청색, 감청색, 크림색, 적갈색, 샴페
인 색, 고동색.

## 피팅 룸에서의 체크리스트

　　요즘은 기성복이 일반화 되어 있기 때문에 슈트를 구
입하는 것이 시간이 걸리는 것도 아니고 또 어려운 일이
아니다. 근사한 정장이 옷걸이에게 걸려 있는 것만 보고
그냥 구입하는 사람은 설마 없겠지만, 아직도 우리나라
남자들은 옷을 입어보고 따져보고 고르는 것을 쑥스러워
하는 경우가 종종 있다. 그러나 슈트를 구입할 때에는 까
다롭게 굴어야 한다. 슈트는 잠시 입었다가 갈아입는 옷

이 아니다. 슈트는 비즈니스맨의 일상복이다. 입어서 편하고 맵시도 좋아야 한다. 마음에 드는 디자인과 색상을 골랐다면, 피팅 룸에서 완벽하게 갖추어 입은 다음에 다음과 같은 점을 체크하도록 한다.

1. **재킷 칼라 :** 칼라에 가로 줄이 생기는지, 혹은 칼라 천에 물방울 같은 융기가 생기는지 살펴본다. 이런 경우에는 칼라가 자신의 체형에 비하여 너무 높다는 뜻이다.

2. **어깨 :** 대부분 사람들은 어깨가 평행이 아니다. 약간 차이 나는 것은 어쩔 수 없지만 눈에 띄게 비대칭일 때에는 한쪽 어깨에 패드를 넣어서 보정할 수 있다.

3. **견갑골 부분 :** 견갑골 부분은 약간 넉넉한 듯해야 움직임이 자유롭다. 등판 쪽으로 약간의 여유와 어깨 아래쪽으로 약간의 여유분이 있는지 살핀다.

4. **재킷의 품 :** 움직임이 편안해야 한다. 물론 자신이 선호하는 스타일의 라인이 살아야 한다.

5. **재킷 길이 :** 재킷의 길이는 엉덩이를 완전히 덮어야 한다. 재킷의 중앙 버튼이 대략 배꼽 근처에 위치하는 것이 정석이다.

6. **재킷의 트임 :** 가만히 있을 때 제대로 겹쳐서 납작하게 떨어져야 한다. 트임이 벌어지거나 붕긋해 보이면 모양이 안 난다. 만일 바지 뒷주머니에 지갑을 넣어서 다닌다면, 지갑을 넣은 다음에 모양새를 체크한다.

7. **소매 :** 재킷의 소매는 손목과 손의 경계선에 와서 끊어지는 것이 가장 보기 좋다. 그렇게 함으로써 소매 밖으로 셔츠가 $\frac{1}{2}$인치 정도 나오게 한다. 다만, 대부분 양쪽 팔의 길이가 다르기 때문에, 많이 차이가 나는 경우는 소매 길이를 수선해서 입도록 한다.

8. **바지허리 :** 정장 바지는 허리에서 맞아야 한다. 캐주얼 바지나 청바지가 힙에서 맞는 것과는 다르다. 대부분의 기성복 바지는 허리 사이즈를 수정할 있도록 솔

기에 1-2인치 정도의 여분을 남겨놓기 때문에 수선이
용이하다.

9. **엉덩이와 허벅지 부분** : 정장 바지는 절대로 타이트한
기분을 주어서는 안 된다. 앉았을 때에도 편안하게 맞
아야 하지만, 필요 이상으로 남아도는 것도 꼴사납다.
주머니는 제대로 납작하게 붙어있는지 확인한다.

10. **바지 길이** : 바지는 구두의 앞코 부분에 와서 떨어지
는 길이가 적절하다. 너무 길면 단정치 못하고 너무 짧
으면 촌스럽다.

## 슈트의 역사

슈트라는 용어는 17세기에 최초로 등장하였다. 당시에는 같은 천으로 만든 한 벌의 양복을 이렇게 불렀다. 그러다가 18세기에 남성 상의가 무릎길이의 코트 형으로 바뀌면서 19세기 중반에는 프록(연미복)이 등장하고, 이에 따른 여성용의 슈트가 선보이게 되었다. 이렇게 되기까지는 영국 여성의 운동복이 선구적인 구실을 하였으며, 프랑스에 도입되면서 일상복으로 보급되어 19세기 후반에는 상류층 부인들의 컨트리 웨어는 거의 테일러메이드였다. 제1차 세계대전 후 여성들의 사회진출이 증가하면서 슈트의 합리성과 기능성이 높이 평가되어 1930년대 이후 슈트는 남성복은 물론, 여자의 정장으로도 정착되었다.

셔츠는
비즈니스
복장의
필수
아이템이다

**셔**츠(영어로는 shirt)의 어원은 중세 노르망디의 '스키르트'에서 유래했다고 한다. 당시 셔츠는 상의인 동시에 스커트도 의미했다. 셔츠는 남녀가 함께 입은 옷으로, 속옷으로 입기도 하며 속옷 위에 입는 와이셔츠 또는 셔츠블라우스 등을 모두 통칭한다. 남자용으로는 언더셔츠(러닝셔츠)와 와이셔츠 등이 대표적이며, 여자용으로는 셔츠블라우스와 내의인 슈미즈 등이 있다.

남성복에서의 셔츠는 우리에게 일반적으로 와이셔츠라고 알려진 형태의 옷을 지칭한다. 최근에 와서, 자유로움이나 창의성을 강조하는 직업군에서 칼라가 없는 셔츠가 허용되기는 하지만, 슈트에 입는 셔츠는 칼라의 형태가 단정하게 잡혀 있는 것이 일반적이다. 간단히 말하자면 비즈니스 정장에는 셔츠를 꼭 갖추어야 한다.

셔츠는 칼라의 형태와 소재, 색상이나 패턴에 따라, 슈트 및 넥타이와 조합하여 다양한 효과를 연출한다. 소재로는 면이 가장 무난하고 실용적으로 사용되며, 고급 셔츠에는 실크가 사용된다. 직접 몸에 닿는 옷이기 때문에 가능하면 순면으로 선택하도록 한다. 그러나 일반적으로는 구김을 방지하고 셔츠의 모양을 보완하기 위하여 면과 합성 섬유와의 혼방을 소재로 사용하는 데, 몸에 닿는 느낌이 나쁘다면 언더셔츠를 착용해도 무방하다. 언더셔츠는 셔츠의 색상에 맞추어 선택해야 하며 (대부분은 흰색) 네크라인은 셔츠의 칼라보다 낮아야 함은 철칙이다. 소매가 없이 깊이 파인 러닝셔츠는 적합하지 않다. 목이 적당히 파인 반팔 셔츠를 입도록 한다.

## 셔츠 칼라의 종류와 TPO

### 버튼다운 칼라 Button-Down Collar

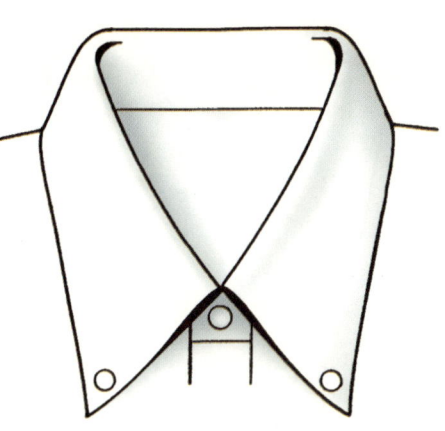

버튼다운은 말 그대로 칼라의 끝을 단추로 고정할 수 있도록 한 것이다. 다른 종류의 셔츠에 비하여 깃이 부드러워 착용감이 편안하기 때문에 가장 선호되는 스타일이다. 원래 스포츠 경기에서 유래하였기 때문에 캐주얼 이미지를 가진다. 블레이저 재킷, 스포츠 코트 등과 잘 어울리며, 여름용 면직이나 면 혼방 소재의 재킷이나 모직 의상과도 잘 매치된다. 그러나 원래 캐주얼의 이미지가 강하기 때문에 드레시한 패턴이나 옷감과는 잘 매치되지 않는다.

## 와이드스프레드 칼라 *Widespread Collar*

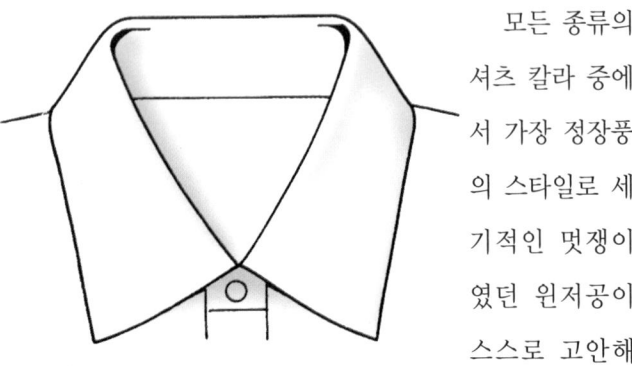

모든 종류의 셔츠 칼라 중에서 가장 정장풍의 스타일로 세기적인 멋쟁이였던 윈저공이 스스로 고안해 냈기 때문에 '윈저 칼라'로 알려져 있다. 넓게 벌어진 칼라 깃의 라인이 더블 브레스티드 재킷의 교차하는 앞여밈과 조화를 이루기 때문에 더블 여밈 정장에 가장 잘 어울린다. 종종 싱글 브레스티드 재킷에 입기도 하지만 이것이 마지노선이다. 블레이저 재킷이나 스포츠 재킷, 정장풍이 아닌 슈트 등과 입는 것은 잘못된 방법이다. 또한 목이 굵거나 너무 근육질인 경우, 얼굴이 둥근 형태인 사람에게는 어울리지 않는다. 그들의 결점을 보완하기는커녕 더욱 강조하는 효과가 있기 때문이다.

## 탭 칼라 Tab Collar

셔츠의 깃 양쪽에 탭이 달려 있어서 넥타이 매듭 밑으로 묶으면 타이를 고정시킬 수 있는 편리한 칼라이다. 하루 종일 넥타이를 제자리에 묶어놓기 때문에 단정하고 깔끔하다. 그러나 고정 방법으로 스냅이나 버튼을 사용하기 때문에 핀으로 고정시키는 핀 칼라만큼 드레시하지는 않다. 일반적인 비즈니스 복장에 가장 적합하다.

## 레귤러 스트레이트 드레스 칼라 *Regular Straight Dress Collar*

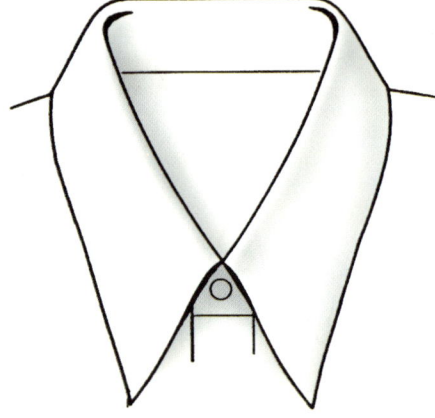

모든 남성 정장 스타일에 무리 없이 어울리는 칼라로 유행에 따라 포인트가 길어지거나 짧아진다. 패턴, 소재, 색상에 구애됨이 없이 거의 모든 유형의 재킷과 잘 매치되며 어떤 형태의 얼굴형과도 대체적으로 잘 어울린다. 최근에는 빳빳하게 풀 먹인 칼라보다는 부드러운 칼라를 선호하는 경향이 있다.

## 브리티시 스프레드 칼라 *British Spread Collar*

칼라의 깃이 넓게 벌어져서 가볍게 곡선을 이루기 때문에 매우 드레시한 효과를 낸다. 이 스타일의 셔츠는 슈트 재킷, 블레이저 재킷, 스포츠 코트 등과 대부분 잘 매치된다.

## 칼라와 타이를 매치하는 법

일반적으로 셔츠의 칼라 형태에 따라 넥타이와 넥타이 매는 방법이 결정된다. 가장 안전한 기본 원칙은 다음과 같다.

▶ *버튼다운 칼라에는 윈저 노트, 하프 윈저 노트, 포인 핸드(플레인) 노트, 보우 타이를 매치한다.*

▶ *스트레이트 포인트 칼라에는 하프 윈저 노트, 포인핸 드 노트, 보우 타이를 매치한다.*

▶ *탭 칼라에는 타이트하게 묶은 포인핸드 노트가 정석 이다.*

▶ *와이드스프레드 칼라는 원래 윈저 노트를 위하여 고 안된 것이다. 가장 넓은 윈저 노트가 필수적이다.*

▶ *브리티시 스프레드 칼라에도 역시 윈저 노트가 제격 이다.*

참고: 타이를 매는 다양한 방법 중 일반적으로 널리 사용되는 것 으로는 포인핸드(Four-in-Hand), 윈저(Windsor), 하프 윈 저(Half-Windsor), 보우 타이(Bow Tie), 그리고 애스컷 (Ascot) 등이 있다. 그러나 슈트를 입는 남자라면 이미 타이를 매는 방법을 잘 알고 있을 것이며, 또한 인터넷에서 쉽게 찾아 볼 수 있기 때문에 이 책에서는 생략하기로 한다.

## 셔츠를 입는 몇 가지 힌트

셔츠는 대부분이 기성복이고 (물론 셔츠도 맞춰 입는 것이 가장 좋겠지만) 디자인과 색상이 어느 정도는 정형화되어 있기 때문에 목둘레나 어깨 폭, 소매 길이 등만 맞으면 구입해도 된다. 그러나 상황에 따라서 적합한 셔츠와 그렇지 못한 경우가 있으므로, 셔츠를 갖추어 입을 때에는 다음과 같은 사항을 체크하도록 한다.

▶ 셔츠의 칼라는 늘 청결함을 유지해야 한다. 이것은 철칙이다.

▶ 플란넬 셔츠에 니트 타이는 매우 패셔너블하고 편안해 보인다. 그러나 대부분의 비즈니스 상황에는 맞지 않는다.

▶ 타탄체크 무늬의 면 셔츠에 니트 타이를 매거나, 폴로 스타일의 셔츠에 타이를 매는 것은 정장이 아닌 주말 복장이다.

▶ 반팔 셔츠는 정식 정장용 셔츠가 아니다. 그러나 직장에 따라, 혹은 지역에 따라 반팔 셔츠가 허용되는 곳도 있다. 그럼에도 불구하고, 언제나 단정하고 성실한 비즈니스맨의 이미지를 연출하려면 한여름에도

*긴팔을 입는 것이 정식이다. 이럴 때에는 고품질의 코튼 소재를 선택하는 것이 여름을 좀 더 시원하게 나는 비법이다.*

▶ *만일 당신이 중역 회의실에서 프레젠테이션을 해야 한다면 파일럿 형태의 셔츠, 가슴 포켓에 단추가 달린 셔츠, 콘트라스트 스티치가 들어간 셔츠, 특이한 패턴의 셔츠는 피하는 것이 안전하다. 가장 일반적이고 얌전한 셔츠 패턴은 솔리드, 스트라이프, 핀스트라이프, 화려하지 않은 체크무늬 등이다.*

## 셔츠의 역사

셔츠의 기원은 고대 오리엔트 아시리아 지방으로부터 기원한다. 고대 아시리아 인들은 몸에 꽉 끼는 모직셔츠를 입었다고 한다. 고대 그리스와 로마에서는 대체로 속옷과 겉옷을 겸한 한 장의 튜닉(tunic)을 입었는데, 중세에 와서 이중으로 입는 방법이 생기면서 독립된 셔츠가 등장했다. 대부분은 마직으로 만들었는데, 당시의 셔츠는 커틀 또는 셰인즈라고 한다. 그 후 셔츠는 의복의 외형에 따라서 디자인과 색상, 그리고 소재에도 여러 가지 변화를 보이며 발전하였다.

르네상스 시대 마제의 셔츠는 슬래시(slash)라는 절개선의 장식이나 네크라인 등에서 노출되어 그 자체가 중요한 트리밍이 되었다. 하류층에서는 곧 셔츠 자체가 겉옷의 구실을 하게 되어 스목이나 블라우스와 병용하는 경향까지 보였다. 오늘날과 같은 면 · 모직의 유연한 셔츠가 보편화된 것은 19세기 중반 이후이고, 다시 위생적인 고려가 가미된 것은 20세기 초 이후부터이다.

남자의
슈트에
가장
화려한
액세서리

비슷비슷해 보이는 남자의 슈트 정장 스타일에서 가장 화려한 액세서리는 단연 넥타이이다. 처음에는 분명히 목을 보호하는 도구로서 시작되었음이 분명한 넥타이는 그 이후 남성복 패션에 있어서 가장 패셔너블한 아이템으로 발전하였다. 아직도 군대나 클럽 등 특정 단체에서는 소속감을 표시하는 도구로 사용되고 있지만, 일반적인 비즈니스맨에게 넥타이는 자신을 가장 잘 표현할 수 있는 뛰어난 패션 액세서리이다.

남자의 정장 복식에서 어느 아이템이 그렇지 않겠느

냐마는, 넥타이는 소재와 색상의 조화에 따라서 세련됨
과 세련되지 못함, 고급스러움과 그렇지 못한 연출이 확
연하게 판가름 나는, 매우 치명적인 아이템이다. 따라서
넥타이를 고를 때에는 시간과 정성을 충분히 들여야 한
다. 또한, 넥타이는 매듭 매는법에 따라서도 연출이 달라
지기 때문에, 여러 번 연습하여 자신의 이미지를 가장 돋
보이게 하는 법을 손에 익히도록 한다.

## 타이 패턴의 종류와 TPO

### 솔리드 Solid

무늬 없이 한 가지 색깔로 된 패턴으로 실크, 울, 코튼, 혹은 혼방을 소재로 한다. 짙고 풍부한 와인 색상의 솔리드 타이는 슈트에 꼭 갖추어야 하는 필수품이다. 솔리드 타이는 단순하지만 엘리건트한 스타일이다.

### 레지멘탈 스트라이프 Regimental Stripe

색이 다른 굵은 사선의 패턴을 말한다. 원래는 영국군의 각 연대를 상징하던 깃발의 색이나 젠틀맨이 다니던 학교의 깃발 색을 타이에 옮겨 놓은 것이었기 때문에, 전통적으로 레지멘탈 스트라이프는 타이를 착용한 사람의 소속을 의미했었다. 비즈니스 복장에 어울린다.

### 풀라드 Foulard

트윌 조직의 가벼운 실크 소재. 보통 솔리드 바탕에 원형, 타원형, 다이아몬드 형태의 작은 무늬가 규칙적으로 배열된 디자인으로 되어 있다. 드레시한 비즈니스 복장에 어울린다.

### 도트 Dots

크게는 동전만한 크기에서부터 작게는 눈에 잘 띄지 않는 작은 점에 이르기까지 다양한 크기의 도트가 일정하게 배열된 패턴. 드레시한 스타일을 연출하는데, 도트의 크기가 작을수록 더욱 드레시하게 된다.

### 플래드 Plaid

스코틀랜드 식의 격자무늬

패턴으로 겨울용으로 사용될 때에는 울, 여름용으로 사용될 때에는 코튼을 소재로 한다. 타탄 무늬와 연결된다. 캐주얼 복장에 어울린다.

### 페이즐리 Paisley

스코틀랜드 페이즐리 지방에서 최초의 상업적 프린트 제품으로 생산한 캐시미어 숄의 문양에서 유래하였다. 화려한 색상으로 디자인된 페이즐리 패턴은 스포티 이미지를 연출하며, 채도가 낮은 색상으로 디자인된 페이즐리는 매우 엘리건트한 이미지를 연출한다. 색상의 조합을 비교적 자유롭게 할 수 있기 때문에 페이즐리는 매우 다양한 스타일을 만들어 낸다.

### 니트 Knit

울이나 실크를 소재로 하여 독특한 질감으로 짜여진 타이. 옐로나 버건디 (와인) 색상의 니트 타이는 네이비 색상의 비즈니스 슈트에 매우 좋은 매치가 된다. 그러나 대부분의 경우엔 스포츠 코트에 가장 잘 어울린다.

### 클럽 Club

보통 실크 소재가 사용되며 어두운 색상의 바탕 위에 특정한 상징을 대각선 방향으로 일정하게 짜서 넣는다. 영국의 클럽 문화로부터 유래했으며, 오늘날에도 특정한 모임이나 클럽, 단체, 활동 등을 상징하는 방법으로 착용된다. 캐주얼 스타일에 적합하다.

## 상의와 셔츠에 타이를 매치하는 법

정장 연출의 성패는 얼굴 아래 타이와 셔츠와 상의가 만나는 부분, 소위 V-존에서 판가름 난다고 해도 과언이 아니다. 이들 세 가지 아이템을 매치할 때에는 소재의 질감과 색상 및 패턴을 모두 고려하여 균형과 조화를 이루어 내도록 한다. 가장 깔끔하고 안전한 매치는 두 가지의 솔리드 아이템에 한 가지 패턴을 매치하는 것이다. 그러나 요즘 직장인들은 좀 더 화려한 이미지를 원하기 때문에 두 가지 이상의 패턴으로 매치하기도 한다. 이처럼 두 가지 이상의 패턴을 매치할 때에는 다음과 같은 원칙을 지키도록.

▶ 두 가지 이상의 패턴이 사용될 때에는 패턴의 사이즈로 콘트라스트를 주어야 한다. 크기가 비슷한 패턴이 아니라 크기에서 확연히 차이가 나는 패턴을 선택하도록 한다.

▶ 색상은 서로 섞이는 것이어야 한다. 두 가지 이상의 패턴에 공통으로 흐르는 기본 색이 있어야 한다. 예를 들어서, 슈트와 셔츠와 타이가 각각 다른 패턴이

라고 해도 서로 어울리는 블루 색조를 공유하고 있
다면 조화를 연출할 수 있다.

▶ 스트라이프 패턴이 두 가지 이상 사용된다면 굵기가
  달라야 한다.

▶ 전용 코디네이터가 매일 당신의 복장을 갖추어주는
  것이 아니라면 눈에 띄도록 완벽한 패턴 매치는 피
  하는 게 현명하다. 완벽한 복장은 쉽게 눈에 띄어 당
  신이 두 번만 같은 복장을 해도 마치 매일 그 옷만
  입는 것처럼 보일 수도 있다.

# 슈트, 셔츠, 타이를 매치하는 법

| 슈트 | 셔츠 | 타이 |
|---|---|---|
| **콘트라스트를 연출할 때** | | |
| 어두운 색 | 밝은 색 | 화려한 색상의 중간 어두운 색 |
| 중간 색 | 밝은 색 | 어두운 색 |
| 밝은 색 | 중간 색 | 어두운 색 |
| **세 가지 모두 솔리드로 연출할 때** | | |
| 솔리드 | 솔리드 | 솔리드 |
| **두 개의 솔리드와 하나의 패턴으로 연출할 때** | | |
| 솔리드 | 솔리드 | 패턴 |
| 솔리드 | 패턴 | 솔리드 |
| 패턴 | 솔리드 | 솔리드 |
| **두 개의 패턴과 하나의 솔리드로 연출할 때** | | |
| 솔리드 | 패턴 | 패턴 |
| 패턴 | 솔리드 | 패턴 |
| 패턴 | 패턴 | 솔리드 |
| **세 가지 모두 패턴으로 연출할 때** | | |
| 핀스트라이프 | 보통 스트라이프 | 풀라드 |
| 플래드 | 굵은 스트라이프 | 클럽 |
| 헤링본 | 투 컬러 스트라이프 | 페이즐리 |

## 넥타이의 역사 ─────────

　넥타이의 기원은 고대 로마시대의 군인이 사용한 포칼(울 목도리)이 시초였으나, 직접적인 기원은 크라바트(남자용 목도리)로 보는 것이 정설이다. 크로아티아의 기마병을 지칭하는 크로아트 병사의 목에 감은 선명한 빛깔의 수건을 본뜬 것으로 시작된 크라바트는 17세기 중반에 프랑스의 상류사회에 처음 등장하였다. 이 목장식은 선풍적인 인기를 끌며 널리 퍼져 1660년대쯤에 오면 이미 유럽의 남성복 패션에 일반화되었다. 초기의 크라바트는 레이스와 자수 장식을 한 론과 모슬린, 실크 등 부드럽고 얇은 천을 스카프 모양으로 만든 것으로, 이것을 목에 감고 남은 부분으로 매듭을 만들어 치장하였다. 이후 크라바트의 유행은 형태, 장식, 소재, 매듭 매는 법 등에 크고 작은 변화를 일으키면서 19세기 말까지 계속되었다.

　19세기에 오자 남성복 유행의 주도권이 프랑스에서 영국으로 바뀌게 된다. 그 때까지 영국에서는 목에 두르는 아이템을 통틀어 넥 클로스라는 이름으로 부르고 있었다. 유행이 주도권이 영국으로 넘어오면서 크라바트라는 말도 넥클로스로 바뀌게 되어, 1830년경부터는 넥타이라는 말이 사용되기에 이르렀다. 초기의 넥타이는 현재의 것과 같은 것은 아니라 크라바트의 형식이 남아 있었다. 당시의 애스컷 타이는 스카프 모양의 넥타이에서 띠 모양의 넥타이로 바뀌어 가는 과도기의 것으로, 그 모양은 두 타이의 요소가 합쳐진 것이었다. 이것이 시대와 더불어 점차 띠 모양으로 변화되면서 너비와 길이가 다양해지고 새로운 소재가 사용되어 19세기 말에 오면 현대적인 개념의 넥타이로 발전하게 된다.

# 양말은 에티켓과 패션의 필수품이다

**정**장 연출에서의 양말은 양말 이상의 의미를 가진다. 그저 발뒤축이 까지는 것을 방지하고 땀을 흡수하기 위해서 신는 것이 아니다. 양말은 슈트의 바지에서 내려오는 라인을 완성하고 보완하며 그 다음 아이템인 구두로 연결하는 역할을 한다. 따라서 양말이라고 아무 거나 잡히는 대로 신어서는 안 된다!

슈트 연출의 규칙은 시대에 따라 끊임없이 변화해 왔고, 슈트에도 유행이 있고 패션이 있다. 그럼에도 불구하고 언제나 변함없는 제 1원칙은 바짓단 아래로 맨살이 보여서는 안 된다는 것이다. 그러나 불행히도 이 원칙을 위반하는 남자들이 종종 있다. 물론 자신이 원해서 그런 것은 아니겠지만, 슈트 아래로 보이는 남자의 맨다리는 결코 아름답지 않다. 이것은 누구의 실수일까? 정확하게 말하자면 현대 기술 발전의 탓이다. 오늘날 양말에 사용되는 신축성 있는 섬유 조직이 발명되기 이전에는 이런 일이 없었다. 그 이전의 남자들은 신축성 없는 실크나 울 양말을 고정시키기 위하여 가터벨트를 착용했었다. 그러던 것이 탄력성 있는 소재의 양말로 바뀐 것이다.

오늘날 남자들에게 양말을 신기 위해서 가터를 착용하라고 말할 수는 없다. 그렇다면 유일한 해결책은 양말의 길이가 넉넉해야 한다는 것이다. 최소한 종아리까지, 심하면 무릎까지 올라오는 양말을 선택하도록 한다. 종아리가 조금 더울 것이며, 가끔씩 양말이 흘러내리지 않았는지 확인해야 하는 번거로움이 있겠지만, 그 정도는 감수해야 한다. 앞으로 섬유 테크놀로지가 발달하면 이 모든 불편함이 사라지는 날이 올 것이다.

또한, 슈트는 짙은 색인데 양말이 옅은 색이라면 그 또한 우아하지는 않을 것이다. 무엇보다도 운동화에나 신는 흰색 양말은 절대로 안 된다. 자신의 발보다 크거나 작은 양말, 너무 오래 신어서 낡은 양말, 색상이나 패턴이 튀는 양말은 모두 피해야 한다. 양말이 눈에 띄지 않는 것이라고 소홀히 하면 절대 안 된다. 양말은 다른 아이템에 비하여 그다지 값비싼 것이 아니기 때문에 이왕이면 종류와 수량을 넉넉하게 준비하도록 한다. 모직 바지에 신는 것, 코듀로이 바지에 신는 것, 면바지에 신는 것 등을 종류별로 준비해 두는 것이 센스다. 양복바지에 흰색 양말이 안 되는 것처럼 청바지에 검은 색 양말도 꼴불견이다.

## 구두는 남자의 감성을 완성한다 ─────

　먼지 하나 없이 반짝 반짝 잘 닦여진 검은 색 옥스퍼드는 남자의 복장 중에서 가장 드레시하고 동시에 가장 섹시한 아이템이다. 말 그대로 머리끝에서 발끝까지 완벽하려면 구두의 선택이 매우 중요하다. 정장용 구두와 캐주얼용 구두가 다르다는 것은 누구나 알고 있을 것이다. 그러나 정장 아래 페니 로퍼를 신는다든가, 혹은 그 반대로 캐주얼 복장에 옥스퍼드를 신는 경우를 종종 보게 된다. 고급 옷감으로 정성들여 바느질한 테일러 슈트를 입은 다음에 캐주얼한 느낌의 페니 로퍼를 신었다고 가정해 보라. 그 남자의 모습에 대한 감탄사는 구두에 와서 한숨으로 바뀔 것이다. 설마 구두가 없어서일까... 하고 의심하게 되는 장면이다.

　구두는 관리만 잘 한다면 몇 년이고 신을 수 있는 아이템이다. 그러므로 처음에 좋은 제품을 구입하도록 한다. 정장용과 캐주얼용을 구분해야 하며, 비즈니스맨이라면 슈트의 색상에 매치되는 정장용 구두를 최소한 몇 켤레를 가지고 있어야 한다.

## 비즈니스 복장에 매치되는 구두의 일곱 가지 기본 스타일

*캡 토우 옥스퍼드 Cap-Toe Oxford*

　비즈니스 슈즈 스타일 중에서 가장 정장풍이며 가장 인기 있는 것이 캡 토우 옥스퍼드이다. 비즈니스 복장을 제대로 갖추고 있는 남자라면 이 스타일의 구두를 한두 켤레는 구비하고 있다. 토우(발끝) 부분에 장식이 없이 가느다란 절개선으로 구분되어 있는 스타일로 점잖은 색상과 디자인의 슈트에 가장 잘 어울린다. 검은 색을 기본으로 하여 갈색이나 붉은 빛 도는 브라운 등의 색상이 있는데, 아무래도 검은 색이 가장 정장풍이며 가장 무난하다.

### 메달리온 *Medallion*

다른 말로는 구멍을 뚫은 캡 토우 옥스퍼드(Perforated Cap-Toe Oxford)라고 한다. 스타일의 기본은 캡 토우와 같지만 토우 부분이나 발목 부분에 점이나 구멍을 뚫어 장식을 더한 점이 다르다. 장식이 들어간 만큼 본격적인 정장 풍은 아니지만 대부분 스탠더드 슈트에 무난하게 어울린다.

### 윙 팁 옥스퍼드 *Wing-Tip Oxford*

일반적으로 다른 정장용 구두보다 두껍고 무거우며 화려한 장식으로 쉽게 구별된다. 다양한 크기의 구멍을 뚫어 구두 전체를 장식하는데, 특히 토우 부분의 절개선이 직선이 아니라 윙(새의 날개) 형태를 띠고 있기 때문에 윙 팁이라고 불린다. 구두 자체의 질감과 느낌이 무겁기

때문에 트위드나 플란넬 등, 비교적 질감이 느껴지는 소
재의 슈트에 잘 어울린다.


*플레인 토우 옥스퍼드 Plain-Toe Oxford*
　토우 부분에 아무런 장식도 절개선도 없이 한 장의 가
죽으로 매끈하게 재단된 스타일로, 이 구두의 생명은 반
짝반짝 광이 나는 것이다.　모든
비즈니스 복장에 적합하다.　다
만 패션 감각을 높인다고 구
두 윗부분과 색이 다른 구두
창을 댄 제품인 경우에는 정
장에 어울리지 않는다는 것을
명심하라.

### 몽크 스트랩 Monk Strap

토우 부분은 장식이 없고, 끈을 묶는 대신 측면 버클을 사용하는 유럽 스타일의 고전으로, 대개 송아지 가죽으로 만들어지며, 스웨이드 제품도 꽤 인기가 있다. 이 구두는 입은 복장에 따라 스포티한 상황에서부터 매우 점잖은 자리에 이르기까지 쓰임새가 다양하다. 그러나 우리나라에서는 그다지 인기가 많지는 않다.

### 드레스 슬립 온 Dress Slip-On

끈이나 버클 없이 쉽게 신었다 벗을 수 있는 구두인 슬립 온은 기본적으로 캐주얼한 느낌을 준다. 이 스타일의 구두를 정장에 매치하려면 좀 더 장식적인 기교가 필요하다. 캡 토우, 메달리온, 혹은 윙 팁과 같은 기본적인 토우 장식을 갖춘 매끈한 가죽 제품이라면 활동성도 보장하면서 정장 연출에도 잘 어울린다.

## 태슬 로퍼 *Tassel Loafer*

　다른 정장용 구두에 비하여 비교적 역사가 짧은 스타일로 1920년대에 등장하여 점차 비즈니스 복장에 적합한 구두로 받아들여지고 있다. 검은색이 가장 일반적이고 가장 안전하지만, 연출에 자신이 있는 사람들에게는 와인 컬러도 인기 있다.

## 드레스슈즈 코디네이션의 기본 색상

▶ 블랙

검은 색 구두는 가장 쓰임새가 많다. 검은 색 슈트에는
물론이고, 네이비 색상에도 잘 어울리며, 회색 슈트라면
짙은 색이나 옅은 색이나 검은 색 구두와 잘 어울린다.
그러나 브라운, 올리브나 탠 색상과는 어울리지 않는다.

▶ 브라운

브라운 계열의 여러 색상, 즉, 다크 브라운, 올리브, 탠
등의 색상에 잘 어울린다.

남자의
패션을
완성하는
중요한
소품

**남**자의 정장 스타일은 액세서리로 완성된다. 남자가 무슨 액세서리... 라고 생각할는지도 모르겠다. 그러나 액세서리가 반지나 팔찌나 목걸이만 의미하는 것은 아니다. 정장 스타일에서 의류인 슈트와 재킷을 제외한 나머지 아이템은 모두 액세서리의 분류에 속한다. 예를 들어서 머리 스타일부터 모자, 안경, 넥타이와 타이 핀, 벨트, 서스펜더, 가방, 장갑, 지갑, 우산에 이르기까지, 남자의 액세서리도 그 종류가 만만치 않다는 것을 알 수 있다.

액세서리에도 규칙이 있다. 아무거나 눈에 뜨이는 대

로, 혹은 유행하는 대로 몸에 걸치면 성공보다 실패할 확률이 높다. 액세서리는 패션의 완성이다. 그러므로 당연히 개인의 이미지와 스타일에 맞추어야 한다. 정통 트래디셔널 정장에 귀걸이를 한다면 비즈니스 이미지가 손상될 것이며, 캐주얼 셔츠에 비즈니스 넥타이를 하면 어색할 것이다. 자신의 직업 분야, 사회 활동 분야, 그리고 레저 활동 분야를 고려하여 선택하고 착용하도록 한다.

액세서리는 크게 봄-여름용과 가을-겨울용으로 나누어 구비하는 것이 좋다. 겨울에 맞는 색상과 소재, 여름에 어울리는 색상과 소재가 다르기 때문이다. 또한 액세서리를 한번에 구비하려고 세트로 된 것을 구입하는 경우도 많은데, 꼭 그렇게 할 필요는 없다. 각각의 아이템이 색상과 형태, 소재에서 조화를 이루도록 연출하면 된다.

## 서스펜더

보통 멜빵이라고 부르는 서스펜더는 비즈니스 복장이
나 저녁의 모임 등에 착용한다. 정장용 서스펜더는 바지
의 단추와 연결되는 형태가 기본이다. 클립 형태의 서스
펜더가 사용이 더 편리하긴 하겠지만 이는 캐주얼한 스
타일이다. 서스펜더는 벨트를 대신하는 것이기 때문에
두 가지 모두 하면 정말 우습다. 서스펜더의 폭은 개인의
체형에 비례하여 균형을 맞추어야 한다.

## 벨트

정장용 버클이 크지 않은 간단한 디자인이 좋다. 버클
은 실버 혹은 골드 금속 톤은 착용하고 있는 보석류(손목
시계나 반지)의 톤과 일치시
키도록 한다. 벨트의 색은
슈트의 색상과 어울려야
하며, 구두 및 가방과 매치
시키는 것이 좋다.

## 모자

얼굴형이 둥근 사람은 모자를 피하는 것이 바람직하다. 그러나 꼭 착용해야 한다면 선택을 잘 하도록 한다. 모자를 선택할 때에는 개인의 머리 사이즈 및 몸 전체 사이즈에 균형을 이루도록 한다.

## 양말

양말은 의상을 단정하게 입기 위한 아이템이다. 양말은 넥타이의 색상, 셔츠의 색상, 행커치프의 색상과 연결되게 선택한다. 그러나 정장을 입을 때에는 조금 어두운 색을 고르도록 한다. 정장에는 거의 무릎 아래에까지 올라오는 길이의 양말을 신는 것이 정식이다. 자세한 내용은 제 12장을 참조한다.

## 보석류

남자에게 있어서 보석류는 보통 커프스 버튼, 시계, 반지 등을 들 수 있다. 이 정도의 보석은 일반 비즈니스 정장에도 잘 맞는다. 그러나 목걸이나 귀걸이, 팔찌 등을 착용하면 좀 더 크리에이티브 스타일에 가깝게 된다. 보석류는 금속의 톤을 통일하는 것이 중요하며, 개인의 얼굴 크기 및 체격에 비례해서 선택한다.

## 포켓 스퀘어

보통은 포켓 행커치프라고 불리는 상의 윗주머니 장식은 남자 정장에서 가장 대담한 연출 중의 하나이다. 포켓 스퀘어를 할 때에는 타이와 조화를 이루어야 하지만 일치되어서는 안 된다. 타이의 색상 중에서 한 가지 악센트 컬러를 선택해서 그 색상을 행커치프에 적용하도록 한다. 타이와 행커치프의 패턴이 달라도 된다. 타이가 풀라드나 스트라이프 패턴이라면 그 중의 한 가지 컬러를 기본 색상으로 하는 잔잔한 페이즐리 패턴의 실크 행커치프를 꽂음으로써 멋진 연출을 할 수 있다.

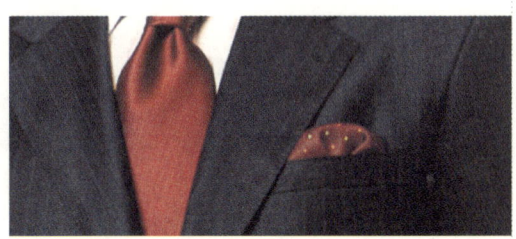

## 넥타이

평상 비즈니스 스타일에서 넥타이의 폭은 $2\frac{3}{4}$ 인치에서 $3\frac{1}{2}$ 인치 사이이다. 이보다 폭이 더 넓거나 더 좁은 것은 비즈니스 타이라기보다는 패션 타이로 분류된다. 정장에 타이를 맸을 때는 길이를 바지 허리선에 맞추도록 한다. 보다 자세한 내용은 제 11장에 있다.

## 신발

남자의 정장 스타일은 구두에 와서 끝난다. 잘 선택된 신발은 전체 라인을 날씬하고 매력적으로 마무리해 준다. 비즈니스 스타일에 맞는 구두는 유선형이며 밑창은 얇고 발등을 끈으로 묶는 형태이다. 로퍼(랜드로바 같은 스타일의 구두)는 슈트용이 아니고 캐주얼 스포츠 재킷이나 바지에 신도록 한다. 자세한 내용은 제 12장을 참조한다.

## 안경

　역사적으로 중세 후반부에 처음 등장한 안경은 부와 특권의 상징이었다. 당시로서는 글을 읽을 수 있거나 책을 접할 수 있는 사람은 소수의 특권 계급을 의미했기 때문이다. 오늘날 안경은 지적인 이미지를 나타내거나, 나이가 들었다는 표시이거나, 혹은 의도적으로 순진한 이미지를 연출하기 위하여 사용된다. 콘택트렌즈가 보편화되어있고 더욱이 시력을 보정하는 의료 기술이 나날이 발전하는 이 시대에 안경은 종종 고집스러운 보수 성향을 의미하기도 한다.

　그러나 안경은 스타일을 만드는 패션 아이템이며, 한 개인의 첫 인상을 결정하는 중요한 장치이다. 그렇기 때문에 안경 프레임을 선택할 때에는 자신의 결점을 보완하고 장점을 돋보이게 하는 형태를 골라야 한다. 자, 거울 앞에 서서 자신의 얼굴 형태를 정직하고 객관적으로 판단한 다음에 자신에게 어울리는 프레임을 골라 보도록 한다.

## 얼굴형에 따른 안경 프레임

### 둥근형

둥근 형태의 얼굴은 안경을 착용할 때 광대뼈가 있는 듯한 착시를 주는 것으로 골라야 한다. 프레임은 윗부분으로 연결되는 것보다는 가운데 콧등에 걸쳐지는 부분이 직각으로 연결된 것, 아래쪽으로 약간 좁아지는 모양이 어울린다. 둥근 얼굴에 동그란 안경을 끼는 것은 얼굴을 더 둥글게 강조한다. 그렇다고 사각형의 프레임도 안 된다. 콘트라스트가 너무 커서 어색하다.

### 정사각형

윗부분에서 연결되며 약간 곡선으로 휘어지는 프레임이 사각형의 얼굴을 보완해 준다. 이 형태의 얼굴에 안경을 착용할 때에는 얼굴의 길이를 길어 보이게 하는 효과를 목적으로 한다. 특히 젊은 사람인 경우에는 비행기 조종사용 안경이 매우 잘 어울린다.

## 직사각형

세로 방향으로 긴 직사각형의 얼굴은 폭을 더해주는 효과를 주는 프레임을 골라야 한다. 폭이 넓고 사각형에 가까운 형태에 가장자리를 약간 둥글린 것이나, 혹은 전체적으로 둥글린 프레임이 잘 어울린다.

## 직사각 타원형

직사각형으로 길면서도 각진 턱뼈가 없는 얼굴형에 안경을 선택할 때에는 폭을 더해주는 것은 물론 얼굴을 각지게 보이는 착시 효과도 함께 얻을 수 있는 프레임을 고르도록 한다. 적당히 폭이 넓은, 옆 부분은 둥글고 아래 부분은 일직선인 형태의 프레임이 가장 잘 어울린다.

## 다이아몬드형

광대뼈가 발달한 다이아몬드 형의 얼굴은 안경을 선택

할 때 이마를 넓게 보이게 하며 빈약한 턱도 넓게 보이게 하는 착시 효과를 목표로 한다. 윗부분은 넓고 옆선은 일직선이며 아래로 내려올수록 약간 넓어지며 퍼지는 듯한 프레임을 고르도록 한다. 조종사용 안경도 좋고 타원형 프레임도 괜찮은 선택이다.

### 역삼각형

이 형태의 얼굴은 이마는 넓지만 턱이 뾰족하게 좁아진다. 균형을 더해주는 안경테를 골라야 한다. 프레임의 윗부분은 무거운 느낌이 없어야 하며, 프레임의 폭은 얼굴의 관자놀이보다 더 넓으면 안 된다. 조종사용 안경과 유사한 형태의, 아래쪽이 둥글게 된 형태가 잘 어울린다. 콧등에 걸쳐지는 부분이 무거워 보이는 것과 사각형 프레임은 피한다.

## 안경을 선택하는 간단한 기준

얼굴형을 보완하려는 세밀한 노력을 기울이기보다는 실패하지 않는 안경을 고르는 것이 목적이라면 다음의 간단한 기준을 따르도록 한다.

▶ 안경 프레임이 너무 강해서 얼굴의 특징을 압도하게 해서는 안 된다. 검은 색의 두꺼운 플라스틱 프레임 은 효과적인 의사소통에 걸림돌이 될 수도 있다. 사람들은 의사소통을 할 때 상대방의 눈을 보아야 편안함을 느끼는 법이다. 안경테가 그 사이를 가로막고 있다면, 사람들은 무의식적으로 거부감을 가지게 된다.

▶ 안경 프레임의 윗선이 눈썹보다 위쪽에 위치해서는 안 된다. 이런 경우에 눈썹 위에 또 하나의 눈썹이 있는 것처럼 보이게 되는데 매우 기괴한 인상을 만들어낸다. 아이들은 겁을 먹을는지도 모른다.

▶ 안경 프레임은 눈동자를 중심으로 둘러싸야 한다. 그 래야 상대방이 당신의 눈을 바라보기 편하다.

▶ 안경 렌즈의 크기는 얼굴의 크기에 비례해서 선택한 다. 얼굴에 비하여 작은 안경은 현실적이며 철두철미 한 이미지를 만든다. 눈을 중심으로 위아래에 적당한

렌즈를 선택하는 것이 좀 더 고전적으로 적합한 스
타일이다.

▶ 안경 프레임도 유행을 타는 아이템이다. 그러나 최신
유행의 안경은 종종 너무 튈 수가 있다. 당신의 직장
이 개성의 자유로운 표현을 허용하는 곳이 아니라면,
첨단 유행의 안경은 주말을 위해 집에 보관하고 직
장에서는 평범하고 고전적이며 기능적인 안경을 착
용하는 것이 좋다. 물론 평범하다고 해서 싸구려를
의미하는 것은 절대 아니다. 다른 액세서리와 마찬가
지로 안경 프레임은 고급으로 구입하여 잘 관리하는
것이 바람직하다.

## 안경 케이스는 필수품

스타일 연출을 위한 패션 아이템이든지 혹은 시력 교
정을 위한 필수품이든지 안경은 언제나 깨끗하고 흠집
없이 관리되는 것이 중요하다. 안경에 흠집이 생기면 신
사의 품위에도 흠집이 생긴다. 안경을 안전하게 보관하
기 위해서는 안경 케이스를 구비해야 한다. 전에는 부드
러운 가죽이나 천으로 만든 케이스도 많이 사용되었지만
요즘은 하드 케이스가 주종이다. 디자이너 안경은 대개

세련된 디자이너 케이스에 들어서 나오지만, 그렇게 비싼 안경이 아닌 경우에는 케이스를 별도로 구입해야 할 것이다. 메탈이나 가죽으로 만든 단단한 안경 케이스는 그 자체로 패션 소품이 될 수도 있으니 신경 써서 고르도록 한다.

# 제 14장

# 남자의 스타일을 망치는 30가지 사소한 오류

저자가 만났던 비즈니스맨 중에 성공한 투자회사의 중역이 한 명 있다. 그는 자신의 비즈니스 성공 비결을 때와 장소, 그리고 비즈니스 상대에 맞게 갈아입는 정성을 기울였기 때문이었다고 한다. 청바지와 점퍼 스타일을 즐기는 고객을 만날 때에는 그와 비슷하게 간편하고 소박한 차림을, 중후한 정장을 즐기는 대기업체 간부 고객을 만날 때에는 그의 취향에 맞는 전통적인 정장을 준비했다. 옷차림만 보고 사람을 평가하는 것은 어리석다. 그러나 옷차림의 힘을 과소평가하는 것 역시 어리석은 일이다. 특히 직업사회에 뛰어든 남자라면 나이와 체형에 어울리는 복장을, 그 것도 TPO에 맞게 갖추어 입음으로써 매년 인상된 연봉으로 고용계약을 갱신할 수 있을는지도 모른다.

아직까지는 정장문화의 뿌리가 깊지 않은 탓인지, 우리나라 남자들 중에는 슈트만 입으면 정장 연출이 완성되었다고 생각하는 경우가 많다. 그렇기 때문에 근사한 슈트를 입고도 사소한 디테일에서 실패하여 스타일을 망가뜨린다. 안타까운 일이다. 우리나라 남자들이 가장 쉽게 간과하는, 그럼으로써 가장 많이 오류를 범하게 되는 것들을 정리해 보았다. 대한민국의 모든 남자들의 세련된 정장 연출을 기원하며.

## 1. 벨트냐 서스펜더냐

설마 설마 하다가도 요즘에도 이런 사람들이 있다는 것을 발견하면 경악을 금치 못하겠다. 말쑥하게 차려입은 정장, 그러나 재킷을 벗으면 벨트와 서스펜더가 동시에 나타난다. 벨트와 서스펜더는 공존할 할 수 없는 아이템이다. 서스펜더로 연출을 하든지 아니면 벨트로 연출을 하든지, 양자택일을 하는 것이 철칙이며 기본이다. 기본이 지켜지지 않는다면 아무리 다른 연출을 잘해도 빛이 나지 않는다.

## 2. 서스펜더만 한다고 멋쟁이가 될까

서스펜더를 하는 남자들은 멋쟁이로 통하는 경우가 많다. 그러나 서스펜더를 했다고 해서 모두 멋쟁이가 되는 것은 아니다. 정장을 입고서 클럽 스타일의 서스펜더를 하는 사람들이 많은데, 이것 또한 꼴불견이다. 정장에 맞는 서스펜더는 클럽 스타일이 아니라 정장바지 안쪽에 있는 단추와 연결할 수 있는 서스펜더이다. 뿐만 아니라 서스펜더를 선택할 때에는 자신의 체형을 생각해야 한다. 체격이 좋은 사람은 폭이 넓은 것을 선택하는 것이 좋고, 체격이 작은 사람은 폭이 좁은 것을 선택하는 것이 좋다. 자그마한 소품이지만, 소품 선택을 잘할 때 더 좋은 이미지를 만들 수 있다.

## 3. 벨트와 구두의 색상은 통일시킨다

감색이나 회색의 정장에 갈색 벨트를 하는 남자들이 많다. 감색이나 회색 정장에는 검은색 벨트를 하는 것이 정식이다. 구두의 경우와 마찬가지로 갈색 벨트는 브라운이나 카키 계열의 정장에 어울리는 아이템이다. 또한 벨트의 색상은 구두의 색상과 통일시키는 것이 좋다. 그렇게 함으로써 일체감을 만들어 주기 때문이다. 남자의 스타일에서 신경을 써야 하는 부분은 절제미를 가지는 것이 가장 좋다. 한 가지 스타일 안에서 여러 가지 색상을 보인다면 절제미가 떨어진다. 작은 소품에서 절제미를 가진다면 더욱 세련된 스타일을 연출할 수 있을 것이다.

## 4. 벨트 버클은 손목시계와 매치시킨다

벨트는 크기에 비하여 영향력이 큰 아이템이다. 완벽한 정장에 복잡한 디자인의 버클을 애용하는 남자를 만날 때가 있다. 마치 골프 칠 때 입는 복장에나 해야 할 것 같은 복잡한 디자인의 버클이 달린 벨트를 아무 거리낌 없이 정장에 한다면 정장의 품위가 떨어지는 것은 물론이고, 그 정장을 입은 남자의 품위도 의심을 받을 것이다. 정장에는 매우 심플한 디자인의 벨트를 하는 것이 맞는 방법이다. 더불어 좀 더 세련된 연출을 원한다면 벨트 버클과 손목시계의 톤을 맞추어 주는 것이 좋다. 즉, 시계가 실버 톤이라면 실버 버클을, 골드 톤이라면 골드 버클을 하는 방법이다. 남자의 정장에서 서로 다른 톤의 보석 톤이 보인다면 그 또한 절제미가 떨어져서 남자의 이미지를 복잡하게 만들 수 있기 때문이다.

## 5. 벨트는 최소한 두 가지를 갖춘다

정장을 입었음에도 캐주얼 벨트를 하는 사람들이 있다. 정장에는 정장 벨트를 해야 한다. 남자들이 의상이나 소품은 많지 않더라도 정장용 벨트와 캐주얼용 벨트는 구분하여 구비하고 있어야 한다. 캐주얼용 벨트는 정장용보다 폭이 넓기 때문에 슈트의 바지걸이에도 잘 맞지 않는다. 벨트는 남자의 복식 센스를 나타내는 아이템이다. 정장에는 정장 벨트, 캐주얼에는 캐주얼 벨트를 하도록 하자.

## 6. 갈색 구두는 위험하다

회색이나 감색(어두운 남색) 계열의 트래디셔널 정장에 빨간색이 도는 갈색 구두를 신는 남자들이 있다. 회색이나 감색 정장에는 검정색 구두를 신는 것이 원칙이다. 갈색 구두는 브라운이나 카키 계열의 정장에 어울리는 색상이다. 회색이나 감색 정장에 갈색 구두를 신으면 색상이 맞지 않을 뿐만 아니라, 키를 더욱 작게 보이게 하는 중요한 역할을 한다. 절대로 세련되고 싶지 않다면 이 방법을 택하면 된다.

## 7. 정장에는 절대로 운동화를 신지 않는다

　간혹 편안한 정장 연출을 한다는 이유만으로 운동화를 신고 다니는 엉뚱한 남자들이 있다. 이런 차림새는 실업수당을 받기 위해 줄 설 때는 편하겠다. 자신의 뛰어난 패션 감각을 살려서 용감한 크리에이티브 스타일을 연출하는 것이 아니라면, 정장에 운동화를 신는 것은 기필코 피해야 할 일이다.

## 8. 앵클부츠는 드레스슈즈가 아니다

　젊은 비즈니스맨들 중에서 정장을 입고서 드레스슈즈가 아닌 앵클부츠를 신는 사람들이 종종 있다. 앵클부츠는 연예인의 신발이 아닐까? 정장에는 정장구두 연출이 반드시 필요하다. 남성의 이미지는 아주 사소한 것에서 좌우된다. 연예인이 신어야 할 것 같은 앵클부츠에서 비즈니스의 이미지를 찾기는 어렵다.

## 9. 양말에도 정장이 있다

　요즘에는 정장에 하얀 양말을 신는 남자는 별로 눈에 띄지 않는다. 다행이다. 정장구두에 흰 양말은 자신이 무좀을 소유하고 있음을 광고하는 것과 다를 바가 없기 때

문이다. 흰 양말은 아니지만, 바지보다 훨씬 연한 색상의
양말을 신는 사람들은 아직도 정말 많다. 불행이다. 그런
가 하면 발목길이가 짧은 양말을 신어서 바지단과 양말
사이로 듬성듬성 털이 보이는 남자들도 많다. 이것도 불
행이다. 정장 차림에는 양말 연출에도 법칙이 있다. 입고
있는 바지의 색상보다 진한 색의 양말을 신는 것이 원칙
이고, 또한 발목길이가 긴 양말을 신는 것은 더욱 중요한
법칙이다. 발목길이가 짧은 양말은 여성용이다. 어머니
의 양말을 신고 나온 마마보이 패션이랄까?

## 10. 바지 길이로 시대를 말한다

우리나라 분단의 역사에 한 획을 그은 김대중 전 대통령
과 김정일 국방위원장과의 회담 사진을 보면 김대중 전 대
통령의 바지가 너무 짧다는 것을 알 수 있을 것이다. 바지
길이는 구두의 등에 닿아야 한다. 정장 바지의 길이가 짧으
면 일단 다리가 짧아 보이며, 당연히 키도 작아진다. 바지
의 길이는 신체의 균형을 잡아주는 데 매우 중요한 요소이
다. 이 역사적인 사진을 보고 프랑스 〈보그〉지의 잡지의 편
집장은 이렇게 말했다고 한다. 1990년대의 사진인데, 사진
안의 주인공 중 국가원수한 명의 패션은 1970년대에 머물

고 있고, 다른 국가원수의 패션은 1950년대에 머물고 있다는 것이었다. 과연 1950년대에 머물고 있는 국가원수가 김대중 대통령이었을까, 아니면 김정일 지도자동지였을까? 안타깝게도 상대보다 20년이나 더 뒤진 패션은 대한민국의 국가원수였다. 맙소사!

## 11. 재킷 어깨가 크면 오히려 왜소해 보인다

위에서 말한 역사적인 사진에 대하여 한 마디 더. 김대중 전 대통령과 김정일 국방위원장의 사진을 보면 재킷이 크다는 것을 느낄 수 있을 것이다. 재킷을 크게 입는 남자들이 꽤 많은데, 자신의 사이즈보다 큰 재킷은 종종 유행에 한참 뒤떨어진 사람처럼 보이게 하며, 최악의 경우엔 멍청하게 보이게 하는 역할을 한다. 자신의 어깨가 작다고 생각하는 사람들이 재킷을 크게 입는 경우가 있는데, 이것은 좁은 어깨를 더욱 강조할 뿐이다.

## 12. 클라이언트의 취향에 맞추어 입는다

어떤 은행직원이 중요한 클라이언트로부터 점심초대를 받았다. 고객으로부터 초대를 받았을 경우에는 그 고객의 비서, 혹은 그 고객과 만난 적이 있는 동료들에게 물어서 고객의 취향을 미리 파악하는 것이 안전하다. 그러나 불행히도 이 은행직원은 그런 수고를 하지 않았다. 그는 점심초대이니 니트 폴로셔츠와 카키색 면바지 정도면 되리라고 생각했다. 물론 이 정도의 복장으로 만족할 수 있는 자리도 있지만, 그날의 점심은 그런 자리가 아니었다. 클라이언트는 회색 슈트를 입고 나타났다. 은행직원이 얼마나 민망해 했는지는 설명하지 않아도 쉽게 상상이 갈 것이다.

## 13. 모임의 성격에 맞추어 연출한다

위와는 반대의 입장에 대하여 이야기를 해 보겠다. 법조계 회사의 임원이 미국으로 출장을 갔을 때의 일이다. 미국 측 거래처의 임원으로부터 초대를 받았다. 집에서 하는 바비큐 파티였다. 정통주의자인 그는 감색 슈트를 차려 입었다. 그러나 파티에 도착했을 때, 정장을 입은 사람은 자기뿐이라는 것을 발견했다. 집으로 하는 초대에는 비즈니스 이미지보다는 친선 이미지를 만드는 것이 어울린다. 이럴 때에는 정장보다는 캐주얼 복장을 입는 것이 좋다. 조지 부시 대통령이 텍사스 주에 있는 자신의 목장으로 초대했던 국가 원수들을 잘 살펴보라. 고이즈

미 일본 총리나 호주 총리 등은 모두가 편안한 비즈니스 캐주얼을 입고 있는 것을 볼 수 있을 것이다. 이것은 비즈니스의 이미지를 그리는 자리가 아니고, 편안하고 친근한 이미지를 그리는 자리이기 때문이다. 만약 우리나라 대통령이 텍사스 목장으로 초대를 받았다면 어떠한 의상 스타일로 방문 하였을까? 비즈니스가 잘 되길 바란다면 어떠한 자리인지, 무엇을 위한 모임인지를 파악하는 것이 실수하지 않는 방법이다.

## 14. 선글라스는 야외용이다

최근 선글라스가 유행이다. 선글라스는 유해한 햇볕으로부터 눈을 보호하는 기능뿐만 아니라 잘만 연출하면 강인하고 냉철한 분위기를 연출하는 데에도 효과적인 아이템이다. 그러나 실내에 들어오는 순간 선글라스를 벗는 것이 예의이다. 특히 비즈니스 자리에서는 서로 눈을 바라보면서 이야기하는 것이 원칙이다. 시커먼 선글라스를 끼고 있는 것은 어딘가 정직하지 못하고 음흉해 보인다.

## 15. 버튼다운 셔츠는 학생복이다

직장인의 옷차림을 보면 그 사람의 경력을 대략 알아 맞출 수 있다. 가장 중요한 단서 중 하나는 버튼다운 셔츠인데, 이를 입은 직장인은 신입사원인 경우가 많다. 정장 연출을 하는 데 있어서 버튼다운 셔츠는 적당한 아이템이 아니다. 버튼다운 셔츠는 캐주얼 아이템으로 정장 연출에는 어울리지 않는다. 버튼다운 셔츠는 학생용이라고 생각해도 틀리지 않는다. 비즈니스맨이 버튼다운을 입으면 전문가 이미지라기보다는 견습생 이미지에 더 가까워진다.

## 16. 와이드스프레드 칼라를 입으면 목이 굵어 보인다

멋쟁이라고 자처하면서 목이 굵은 남자들이 와이드스프레드 칼라 셔츠를 입는 경우가 있는데, 이것은 굵은 목을 더 굵게 보이게 하는 매우 안 좋은 연출 방법이다. 굳이 와이드스프레드 칼라의 셔츠를 입고 싶다면 세미 와이드스프레드 칼라 셔츠를 입도록 한다. 목이 굵은 사람뿐 아니라 얼굴이 큰 사람도 마찬가지다. 이런 경우에는 슈트의 어깨부분을 조금 크게 입어주면 얼굴이 작아 보이는 방법이 될 것이다.

## 17. 셔츠에도 때와 장소가 있다

비즈니스 미팅에서 와이드스프레드 칼라의 셔츠를 입는 사람들. 멋쟁이라는 것을 강조하고 싶은 마음은 인정하지만, 비즈니스에는 어울리지 않는 차림새이다. 와이드스프레드 칼라는 비즈니스 목적이 아닌 친선의 자리에 어울리는 셔츠이다.

## 18. 셔츠의 소매는 비즈니스 센스를 나타낸다

셔츠의 소매는 기본적으로 긴팔이 정장이며 웬만하면 둘둘 말아 올리지 않도록 한다. 커프스의 단추를 잠그고도 팔을 편안하게 움직일 수 있는 정도의 길이가 적당하다. 너무 짧으면 활동이 불편하고, 소매가 너무 길면 세련되지 못하게 보인다. 셔츠는 슈트의 소매 밖으로 1/2인치 이상 드러나지 않도록 한다.

## 19. 언더셔츠는 흰색 반팔로 입는다

서양 책을 보면 셔츠 안에는 러닝셔츠를 입지 않는 것이 예의라고 한다. 이 말이 우리 현실에도 1백 퍼센트 들어맞는 것은 아니다. 우선 셔츠의 소재를 따져보아야 할 것이다. 셔츠의 소재가 외국의 경우처럼 실크라면 안에 러닝셔츠를 입지 않아도 된다. 실크라는 천연소재가 인체에 좋기 때문이다. 그러나 우리나라의 셔츠는 면과 합성섬유 혼방인 경우가 많은데, 이럴 때에는 면소재의 러닝셔츠를 입어주는 것이 건강을 위해서도 더 좋은 방법이다. 하지만 러닝셔츠에도 법칙이 있다는 것을 잊으면 안 된다. 러닝셔츠의 색상은 흰색이 필수이며, 어깨가 파인 민소매 러닝셔츠보다는 반팔 러닝셔츠가 정장에 어울린다.

## 20. 멋쟁이는 더위에 흔들리지 않는다

냉방이 없던 시절, 사무실에서는 반팔 셔츠가 일반적이었다. 그러나 그 시절에도 정장을 고집하는 사람들은 긴팔 셔츠를 입었다. 성공하는 정장 연출을 하고 싶다면 더운 여름에도 긴팔 셔츠를 입어야 할 것이다. 반팔 셔츠는 정장의 개념에서 벗어난 아이템이라는 것을 잊지 말도록.

## 21. 공포의 사선 스트라이프 타이

전직 대통령 중 한 분의 실화이다. 외국을 방문하던 중, 친선의 자리인 리셉션에 자신의 트레이드마크인 사선 스트라이프 타이를 매고 등장했다. 이 타이 패션 때문에 전직 대통령은 패션리더들 사이에서 가십거리로 떠올랐다. 사선 스트라이프 패턴의 타이는 딱딱한 비즈니스 이미지를 연출한다. 친선의 자리에는 어울리지 않았던 것이다. 리셉션 등의 자리에는 곡선 패턴의 타이나, 패턴이 없는 솔리드 타이를 해야 한다. 그 전직 대통령의 스타일리스트께서는 뭘 하셨는지.

## 22. 타이 하나로 스타일을 구길 수도 있다

작년 대선 경선 때에 대선 주자들은 너나 할 것 없이 붉은 색의 타이를 하고 단상에 올라갔다. 붉은 색의 타이는 성장을 해야 하는 자리에 필요한 아이템이므로 색상의 선택은 잘한 셈이다. 하지만, 그 중에는 꽃무늬 패턴의 타이를 했던 후보도 있었다. 자신의 능력과 권위를 상징해야 하는 단상에 오르면서 결혼식에나 어울릴 만한 꽃무늬라니… 그 또한 꼴불견이다.

## 23. 타이의 길이는 불문율이다

새로운 스타일을 창조하거나, 유행의 첨단을 달리는 연예인이 아니라면, 넥타이의 길이는 벨트 라인에 와야 한다는 것이 불문율이다. 짧아도 우습고 길어도 우습다. 특히 타이의 길이가 지나치게 짧다면 다른 복장이 아무리 잘 갖추어졌다고 해도 촌스러운 이미지를 벗어날 수 없다.

## 24. 타이의 매듭으로 얼굴 크기를 조절한다

요즘은 남녀를 불문하고 작은 얼굴을 선호한다. 많은 남자들이 자신의 얼굴 크기 때문에 은근히 고민하고 있다. 그런데, 얼굴이 크다고 고민하면서 넥타이의 매듭을 작게 매는 사람들이 있다. 고민을 두 배로 하게 하는 연출이다. 타이 매듭이 작으면 얼굴이 커 보인다. 반대로 얼굴이 너무 작아서 왜소해 보이는 경우엔 타이의 매듭을 작게 하도록 한다. 얼굴은 작은데 매듭이 크면 얼굴이야 날씬하게 작아 보이겠지만 비즈니스를 할 때 상대방에게 신뢰감을 주기에는 너무 가벼운 이미지를 연출하게 될 수도 있다.

## 25. 비즈니스 캐주얼에도 법칙이 있다

벤처기업이나 연구직에 종사하는 직장인들 중 다수가 '비즈니스 캐주얼'이라고 통칭되는 스타일로 출근을 하고 있다. 이 스타일의 정식 명칭은 트래디셔널 캐주얼이다. 편안한 스타일이라고 생각하기 때문에 되는 대로 입는 경우가 많다. 그러나 트래디셔널 캐주얼은 오히려 정장보다 더욱 어려운 스타일이라는 것을 알아야 할 것이다. 아무리 캐주얼이라 하더라도 직장에서는 직장인답게 입는 것이 중요하다. 칼라가 없는 면 티셔츠 상의에 청바지 차림으로 출근을 하는 것은 꼴불견이다. 상의는 칼라 없는 것보다 칼라가 있는 남방 스타일로, 바지는 청바지보다는 면바지를 입는 것이 좀 더 프로페셔널하게 보인다. 재킷을 입는다면 점퍼 스타일보다는 재킷 스타일을 선택하도록 한다.

## 26. 정장은 세일즈맨의 첫째 원칙이다

세일즈를 하는 사람은 아무리 복식 규정이 자유로운 직장에 다닌다고 해도 편안한 캐주얼 스타일은 입지 않는 것이 좋다. 캐주얼한 복장으로 고객을 만나는 세일즈맨은 성공하기 어렵다. 상대방을 설득하여 세일즈를 성사시키려면 자신감과 신뢰감을 주는 이미지를 심어주어야 하는 것이 세일즈의 첫째 원칙이다. 그러한 이미지를 만들기 위해서 정장 연출은 필수이다.

## 27. 정장에 반코트는 원조 '아저씨 패션'이다

겨울철, 정통한 정장의 감색 스트라이프 슈트를 연출하고는 그 위에 반코트를 입음으로써 '아저씨 패션'을 완벽하게 연출하는 비즈니스맨들이 있다. 슈트를 입었다면 코트도 정장으로 연출해야 한다. 감색이나 회색의 정장 슈트에는 감색이나 블랙의 심플한 겨울 코트를 입는 것이 정식이, 트렌치코트를 입는 것도 좋은 연출방법이다. 하지만, 반코트를 입는다거나 파커 스타일의 점퍼를 연출하는 것은 스스로 '원조 아저씨 패션'임을 강조하는 셈이다.

## 28. 메는 가방은 슈트를 망가뜨린다

젊은 비즈니스맨의 공통점 중에는 가방을 어깨에 메고 다니는 유행이 있다. 그러나 슈트 차림에 가방을 멘다면 슈트에 주름을 만들기 때문에 깔끔한 이미지를 연출하기 어렵다. 어깨선에 드러나는 주름은 경력의 미숙을 나타낸다. 가방을 들어야 하는 경우에는 어깨에 메는 것이 아니라 드는 가방을 선택하도록 한다. 또한 요즘 일명 '맨스백'을 들고 다니는 비즈니스맨도 많은데, 아마도 세련되어 보인다고 생각하겠지만, 오히려 이미지를 가볍게 만드는 연출일 뿐이다. 더불어 정장 상의의 바깥쪽 주머니에는 아무것도 넣지 않는 것이 좋다. 주머니가 불룩하면 옷도 망가지지만 이미지도 구겨진다. 지갑과 같은 소품은 안쪽 주머니에 넣는 것이 좋은 방법이다. 겉옷은 항상 주름 없이 깔끔하게 연출해야 세련이다.

## 29. 브리프케이스는 비즈니스맨의 자존심이다

브리프케이스는 그것을 들고 있는 비즈니스맨에 대하여 너무나 많은 것을 웅변적으로 대변한다. 자신이 지불할 수 있는 최고의 제품을 구입하도록 한다. 물론 능력에 맞지 않는 명품을 사용하는 것은 아니지만, 그렇다고 할

인마트에서 파는 인조가죽 제품은 곤란하다. 적절한 값을 주고 산 고급 가죽 제품은 손질만 잘 한다면 몇 년이고 그 가치를 발할 것이다.

## 30. 보석보다는 구두에 투자하라

비즈니스맨의 자존심은 번쩍거리는 금장 손목시계보다는 깨끗하고 단정한 구두에서 드러난다. 대충 티슈로 닦아낸 듯 손질이 엉망인 구두, 너무 오래 신어서 모양이 망가진 구두, 칠이 벗겨진 구두, 무엇보다도 냄새나는 구두... 등은 남자의 스타일을 한순간에 망가뜨린다. 보석보다는 차라리 구두에 투자하는 것이 성공하는 비즈니스맨의 비결이다.

# 제 15장

# 성공적인 면접을 위한 마지막 체크리스트

**당**신이 원하는 직장에 지원 서류를 냈더니 면접을 하러 오라는 연락이 왔다. 물론, 면접의 제 1철칙은 무슨 일이 있어서 늦으면 안 된다는 것이다. 그 전 날 초조한 마음을 달랜다고 술을 마시고 늦게 잠들어서 푸석한 얼굴로 일어나는 것도 금물이다. 면접에서 첫인상이 얼마나 중요한가 하는 것은 더 이상 부언할 필요도 없다.

머리를 감고 샤워를 하고 머리를 단정히 드라이하고 어제부터 준비해 놓은 슈트를 꺼내 입는다. 시간에 쫓기면 안 된다. 마음이 급할 때에는 단추도 쉽게 안 잠기고 넥타이도 비뚤어지는 법이다. 가방을 챙겨 들고 구두도 신었다. 자, 현관의 거울에 자신의 모습을 비춰 보며 마지막 점검을 할 시간이다. 다음의 체크리스트에 따라 스스로의 복장을 점검하라.

## 두발

☐ 단정하게 잘 빗어 넘겼는가.

## 안경

☐ 렌즈는 깨끗한가.

☐ 흠집이 나거나 망가진 곳은 없는가.

## 얼굴

☐ 면도 흔적을 깨끗이 씻어 냈는가.

☐ 콧수염과 턱수염을 기른다면 깨끗하게 정리되었는가.

☐ 코털은 말끔하게 정리했는가.

## 셔츠

- ☐ 단추가 떨어지거나 느슨해진 곳은 없는가.
- ☐ 목 단추는 너무 조이지 않고 단정하게 잠겼는가.
- ☐ 깨끗이 세탁했는가. 다림질은 잘 되어 있는가.
- ☐ 앞 포켓에 얼룩은 없는가.

## 재킷

- ☐ 단추가 쉽게 잠기는가.
- ☐ 실밥이 나온 곳은 없는가.
- ☐ 뒤/옆 트임이 얌전하게 겹쳐져 있는가.
- ☐ 라펠은 가슴팍에 납작하게 붙어 있는가.
- ☐ 단추가 떨어진 곳은 없는가.
- ☐ 어깨에 비듬이 떨어져 있지는 않은가.
- ☐ 다림질은 잘 되어 있는가.

## 바지

☐ 허리 밴드는 편안하게 맞는가. 너무 조이거나 너무

크지 않는가.

☐ 바지 끝단이 구두의 앞코 부분에 와서 떨어지는가.

☐ 지퍼는 제대로 잠겨 있는가.

☐ 서스펜더와 벨트를 함께 한 것은 아닌가.

☐ 다림질은 제대로 되어 있는가.

☐ 엉덩이 부분이 낡아서 반짝거리지는 않는가.

☐ 끝단이 해어지거나 느슨한 곳은 없는가.

## 넥타이

☐ 허리 벨트까지 내려오는가.

☐ 셔츠 칼라에 맞는 매듭으로 묶었는가.

☐ 얼룩은 없는가.

☐ 매듭의 윗부분에 땀 얼룩이 진 곳은 없는가.

☐ 셔츠 및 재킷과 어울리는 색상/패턴인가.

## 벨트

- ☐ 가죽이 낡거나 버클이 벗겨진 곳은 없는가.
- ☐ 구두 색상과 조화되는가.

## 손목시계

- ☐ 스포츠 손목시계를 착용한 것은 아닌가.

## 가방

- ☐ 어두운 색 혹은 중간 톤의 가죽 가방인가.
- ☐ 너무 낡았거나 닳은 것은 아닌가.

## 트렌치코트 혹은 오버코트

- ☐ 무릎 아래까지 내려오는가.
- ☐ 구겨진 곳은 없는가.

## 양말

□ 구멍 난 곳은 없는가.

□ 짝짝이로 신은 것은 아닌가.

□ 종아리 위까지 충분히 올라오는가.

□ 바지 혹은 구두와 색상이 맞는가.

## 구두

□ 광택이 나도록 닦여졌는가.

□ 뒤 굽이 닳지 않았는가.

□ 밑창에 구멍이 난 곳은 없는가.

□ 슈트와 색상이 매치하거나 조화되는가.

# 남자는 스타일로 승부한다

초판 인쇄 _ 2003년 8월 26일
초판 발행 _ 2003년 8월 30일
지은이 _ 강진주
펴낸이 _ 이철원
펴낸곳 _ 리즈 앤 북
등록 _ 2002년 11월 15일
주소 _ 137-070  서울시 서초구 서초동 1337-11 삼우빌딩 4층
전화 _ 02)521-1772 ㈜
팩스 _ 02)521-1775
이메일 _ riesnbook@naver.com

ISBN 89-90522-10-2(03320)